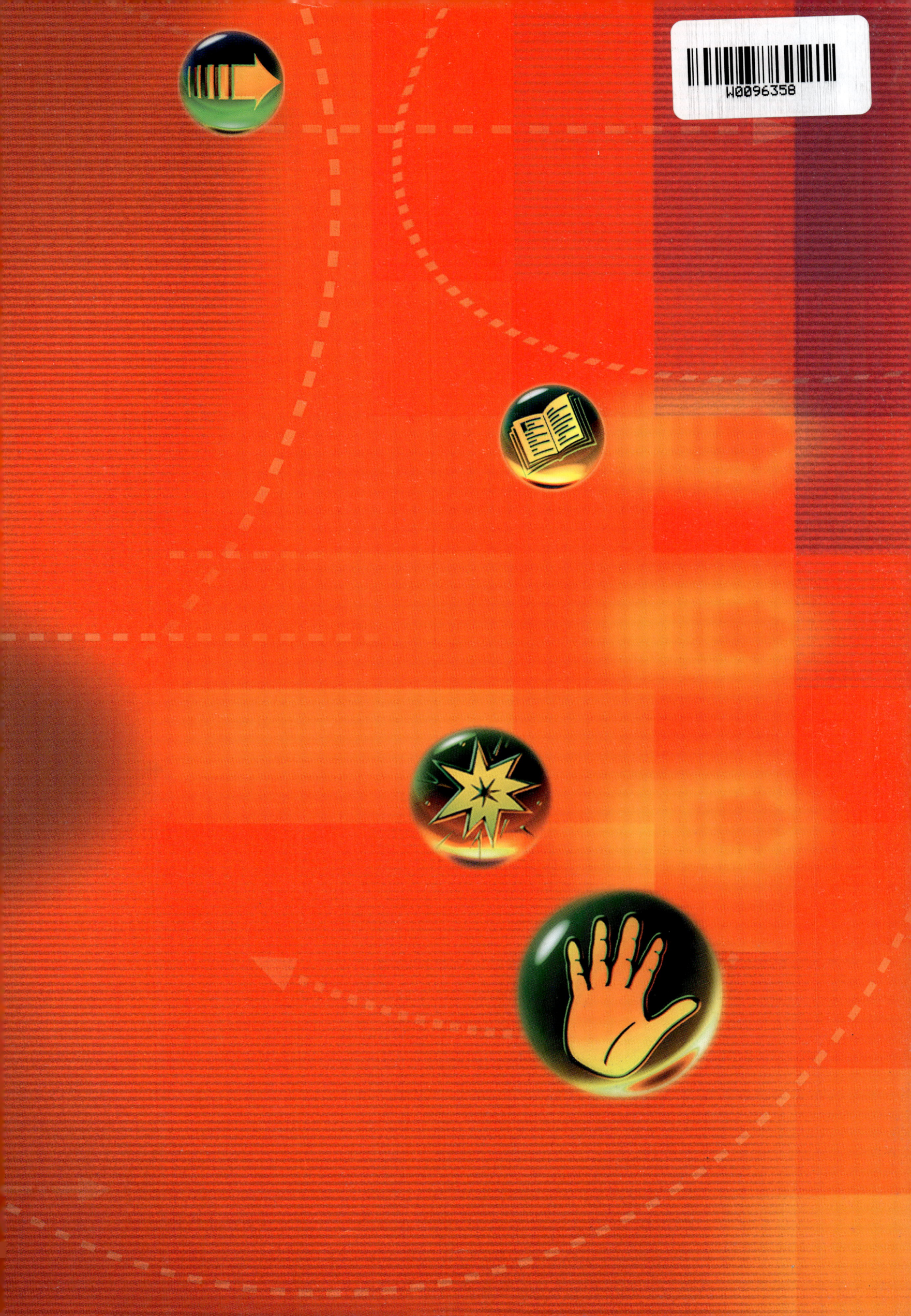

Wale
und Delfine

Copyright © 2002 Weldon Owen Pty Limited

Copyright © 2002 (deutsche Ausgabe) Tessloff Verlag, Nürnberg
http://www.tessloff.com

ISBN 3-7886-0924-9

Autorin: Bronwyn Sweeney
Beraterin: Linda Gibson
Projektleiterin: Stephanie Goodwin
Designerin: Clare Forte
Bildrecherche: Joanna Collard

Illustratoren: Anne Bowman, Christer Erikkson, Ian Jackson/Wildlife Art Ltd, David Kirshner, Rob Mancini, Peter Scott/Wildlife Art Ltd, Christine Stead, Kevin Stead, Glen Vause

Karten: Laurie Whiddon

Aus dem Englischen übertragen von Andrea Mertiny
Redaktionelle Bearbeitung der deutschsprachigen Ausgabe: Sabine Tessloff

Alle Rechte vorbehalten. Die ungenehmigte Reproduktion jeder Art ist verboten.

Tessloffs Welt des Wissens

Wale
und Delfine

Inhalt

Einleitung...Wale 6

Was ist ein Wal? 8
Die Wale der Urzeit 10
Riesen der Meere 12
Zähne oder Barten 14
Delfine und Schweinswale 16
Absonderliche Geschöpfe 18
Wo Wale leben 20
Wanderzüge 22
Wasserwelt 24

Ein Leben als Wal 26

Fontänen blasen 28
Sieben, saugen, schneiden 30
Hinab in die Tiefe 32
Luftakrobaten 34
Sinne im Einsatz 36
In Gesängen reden 38
Clevere Wale 40
Der Beginn des Lebens 42
Familie und Freunde 44
Gefahr im Wasser 46

Wale und Menschen 48

Fabelwesen 50
Wal! Da bläst er! 52
Wale schützen 54
Strandungen 56
Wale als Zootiere 58
Wale sichten 60

Glossar 62
Index 64

Wegweiser zum Wissen

TAUCHE TIEF HINAB in die Welt der *Wale und Delfine* und entdecke die Welt dieser geheimnisumwobenen Tiere. Beginne mit den sanften Riesen, lerne dann die so verschiedenartigen Delfine und Schweinswale kennen. Oder marschiere gleich in den Walzoo.

Du wirst noch viele andere Wege entdecken, auf denen du dich mit Walen und Delfinen anfreunden kannst. Lies über erfahrene Walbeobachter in „Insidestory" oder beschäftige dich mit den „Sei aktiv!"-Projekten. Vertiefe dich in Begriffe, die im „Wörterbuch" erklärt sind, oder verblüffe deine Freunde mit faszinierenden Fakten aus „Schon gewusst?" Bei jeder Lektüre kannst du neue Wege beschreiten – du allein entscheidest, womit du dich beschäftigen möchtest.

INSIDESTORY
Ein Blick in die Tiefe

Fühle mit den Naturschützern, die bei Farewell Spit in Neuseeland versuchen, gestrandete Wale zu retten. Lies über den Großen Tümmler Percy, der einem Taucher beim Entwirren von Reusenleinen half. Geh mit Mike Noad, der den neuen Gesang der Buckelwale entdeckt. INSIDESTORY stellt dir die Männer, Frauen und Wale vor, die das neue Verständnis für diese herrlichen Geschöpfe geformt haben.

Wörterbuch
Was für ein komisches Wort! Was bedeutet es? Woher kommt es? Das alles erfährst du in *Wörterbuch*.

Schon gewusst?
Beeindruckende Fakten, überraschende Rekorde, faszinierende Zahlen – für dich zusammengestellt in *Schon gewusst?*

SEI AKTIV!
Mach es selbst!

Lege deine Freunde zur Länge eines Buckelwals aneinander, damit du siehst, wie riesig diese Wale sind. Bau dir Barten und entdecke, wie die großen Wale ihre kleinen Nahrungstierchen schlucken, oder fühle die Kälte, die in der polaren Heimat des Beluga herrscht. SEI AKTIV! zeigt Versuche und Projekte, mit denen du dir die Wasserwelt der Wale besser vorstellen kannst.

Wegweiser
Im Kästchen *Wegweiser* wirst du zu anderen Themen geführt, die mit dem, was du gerade liest, in Zusammenhang stehen.

Auf die Plätze!
Fertig! Los!

Einleitung... Wale

WALE, DELFINE und Schweinswale gibt es in einer faszinierenden Vielfalt von Formen und Größen. Lerne ein paar von ihnen näher kennen. Als Erstes liest du über die Vorfahren der Wale und erfährst etwas über die Ursprünge der modernen Waltiere. Dann schwimmst du neben einigen der heutigen Wale, vom kleinen Vaquita bis zum gewaltigen Blauwal – der größer ist als jeder Dinosaurier, der je gelebt hat. Du findest stumpfnasige Schweinswale, springende Delfine und wenig bekannte Schnabelwale. Worauf wartest du also? Spring hinterher...

Seite **8** Was hat diese Robbe mit allen Walen gemeinsam?

Lies nach bei WAS IST EIN WAL?

Seite **10** Die ältesten Verwandten der Wale lebten an Land. Wann trabte dieses Landtier über die Erde?

Lies nach bei DIE WALE DER URZEIT

Seite **12** Sie können so klein wie du selbst oder so groß wie ein Bus sein. Doch wer ist der größte?

Lies nach bei RIESEN DER MEERE.

Seite **14** Welche Wale haben 252 Zähne und welche gar keine?

Lies nach bei ZÄHNE ODER BARTEN.

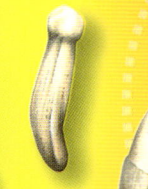

Seite **16** Was ist der Unterschied zwischen Delfin und Schweinswal? Kannst du raten, wie dieser Schweinswal heißt?

Lies nach bei Delfine und Schweinswale.

Seite **18** Seltsame Tiere leben in unseren Meeren – darunter auch merkwürdig aussehende Wale…

Lies nach bei Absonderliche Geschöpfe.

Seite **20** Was ist der Unterschied zwischen Küstengewässern und mittleren Tiefen? Wer lebt dort?

Lies nach bei Wo Wale leben.

Seite **22** Wie Laubfrösche wandern auch viele große Wale. Welche Zahnwale (nur die Männchen!) wandern?

Lies nach bei Wanderzüge.

Seite **24** Wale sind Säugetiere wie wir, aber sie spüren die Kälte nicht wie wir. Warum?

Lies nach bei Wasserwelt.

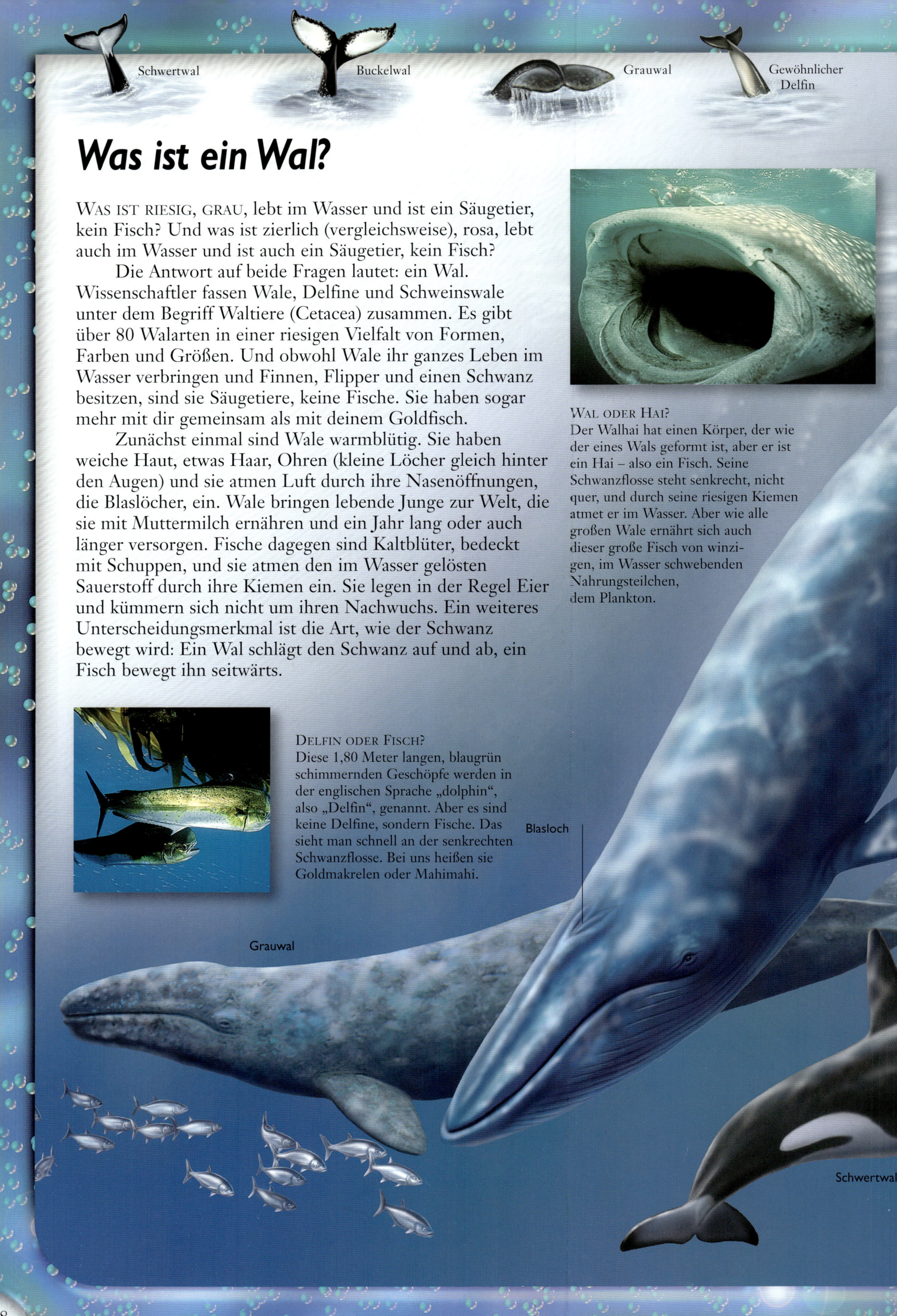

Was ist ein Wal?

WAS IST RIESIG, GRAU, lebt im Wasser und ist ein Säugetier, kein Fisch? Und was ist zierlich (vergleichsweise), rosa, lebt auch im Wasser und ist auch ein Säugetier, kein Fisch?

Die Antwort auf beide Fragen lautet: ein Wal. Wissenschaftler fassen Wale, Delfine und Schweinswale unter dem Begriff Waltiere (Cetacea) zusammen. Es gibt über 80 Walarten in einer riesigen Vielfalt von Formen, Farben und Größen. Und obwohl Wale ihr ganzes Leben im Wasser verbringen und Finnen, Flipper und einen Schwanz besitzen, sind sie Säugetiere, keine Fische. Sie haben sogar mehr mit dir gemeinsam als mit deinem Goldfisch.

Zunächst einmal sind Wale warmblütig. Sie haben weiche Haut, etwas Haar, Ohren (kleine Löcher gleich hinter den Augen) und sie atmen Luft durch ihre Nasenöffnungen, die Blaslöcher, ein. Wale bringen lebende Junge zur Welt, die sie mit Muttermilch ernähren und ein Jahr lang oder auch länger versorgen. Fische dagegen sind Kaltblüter, bedeckt mit Schuppen, und sie atmen den im Wasser gelösten Sauerstoff durch ihre Kiemen ein. Sie legen in der Regel Eier und kümmern sich nicht um ihren Nachwuchs. Ein weiteres Unterscheidungsmerkmal ist die Art, wie der Schwanz bewegt wird: Ein Wal schlägt den Schwanz auf und ab, ein Fisch bewegt ihn seitwärts.

WAL ODER HAI?
Der Walhai hat einen Körper, der wie der eines Wals geformt ist, aber er ist ein Hai – also ein Fisch. Seine Schwanzflosse steht senkrecht, nicht quer, und durch seine riesigen Kiemen atmet er im Wasser. Aber wie alle großen Wale ernährt sich auch dieser große Fisch von winzigen, im Wasser schwebenden Nahrungsteilchen, dem Plankton.

DELFIN ODER FISCH?
Diese 1,80 Meter langen, blaugrün schimmernden Geschöpfe werden in der englischen Sprache „dolphin", also „Delfin", genannt. Aber es sind keine Delfine, sondern Fische. Das sieht man schnell an der senkrechten Schwanzflosse. Bei uns heißen sie Goldmakrelen oder Mahimahi.

Wörterbuch

- **Cetacea** kommt von lateinisch *cetus* und griechisch *ketos*. Beide Wörter bedeuten „großes Meerestier".
- **Mammalia** ist der wissenschaftliche Name für Säugetiere – eine Klasse von Tieren, die ein Knochenskelett besitzen und deren Junge Milch aus der Brust ihrer Mutter saugen. Das lateinische Wort bedeutet „die Brüste betreffend".

Schon gewusst?

Die nächsten Verwandten der Wale haben weder Finnen noch Flipper – sie haben Beine mit Hufen. Zu den Huftieren gehören Säugetiere wie Rinder, Schafe, Hirsche, Pferde, Flusspferde und Nashörner.

Wegweiser

Wie sahen die Wale der Urzeit aus und wie sehr gleichen sie den heutigen Walen? Lies nach auf S. 10–11.
- Wale gibt es in allen Größen, aber wie riesig werden die Rekordhalter? Die Antwort steht auf S. 12–13.
- Lies über die Färbung des Amazonasdelfins auf S. 18.

Zum Luftholen auftauchen

Wie alle Wale verbringt dieser Seiwal die meiste Zeit unter Wasser. Aber anders als ein Fisch muss er zum Atmen nach oben kommen. Denn würde ein Wal, wie ein Fisch, mit dem Kopf unter Wasser Atem holen, würde er ertrinken. Ein Wal schiebt seinen Kopf über die Wasseroberfläche und atmet durch die beiden Nasenöffnungen auf seinem Kopf ein.

Seiwal

INSIDESTORY
Wal in Sicht ...

Nach fast 20 Jahren Walbeobachtung sagt Peter Gill: „Wenn sie nicht entdeckt werden wollen, findet man sie auch nicht, und wenn man sie findet, sie aber nicht bleiben wollen, tun sie's auch nicht." Die Beobachtung von Walen, die 70 bis 90 Prozent ihrer Zeit unter Wasser verbringen, ist harte Arbeit. Viele Wale leben in entlegenen Gegenden und tauchen in große Tiefen ab. Und wenn ein Wal auftaucht, bleibt sein Körper weitgehend verborgen, und Wetter und Dünung erschweren die Beobachtung. Stell dir also vor, wie Peter Gill zumute gewesen sein muss: „Ein in etwa 100 m Entfernung fressender Blauwal begann plötzlich, auf unsere Yacht zuzuschwimmen. Als er nur noch 15 m entfernt war, tauchte er ab, und wir sahen zu, wie der blaugrün glänzende Koloss langsam unter uns verschwand. Es schien eine Ewigkeit zu dauern."

Weitere Meeressäuger

Auch andere Säugetiere leben im Wasser wie die Wale. Das sind zwei Tiergruppen: die Seekühe, zu denen Dugongs und Manatis gehören, und Robben, zu denen Walrosse, Seelöwen und Seehunde gehören. Robben verbringen ihre Zeit an Land und im Wasser.

Der Seelöwe jagt im Meer und lebt an Land. Dort bewegt er sich watschelnd auf seinen vier Flippern über den Strand.

Die Sattelrobbe schießt auf der Suche nach Fischnahrung durchs Wasser. Dann aber klettert sie wie alle Robben an Land, um sich auszuruhen, zu paaren oder ihren dicken Pelz zu wechseln.

Der Dugong lebt nur in warmem, flachem Wasser, wo er langsam umherschwimmt und Seegras abweidet.

Südlicher Glattwal   Blauwal

FRÜHE BEWEISE
Mesonyx könnte der älteste bekannte Säugetier-Verwandte der Wale sein. Der Protocetus-Schädel (ganz rechts) zeigt deutlich die verlängerte Schnauze (Rostrum), typisch für die frühen wasserlebenden Verwandten – die Urwale.

Mesonyx-Schädel   Protocetus-Schädel

Die Wale der Urzeit

RUND 180 MILLIONEN JAHRE lang herrschten Dinosaurier auf der Erde, und die Ozeane waren das Reich schwimmender Reptilien. Aber alle Dinosaurier, viele Reptilien und andere Tiere starben vor 65 Millionen Jahren plötzlich aus. Damit machten sie einer anderen Tiergruppe Platz – den Säugetieren.

In dieser dinosaurierfreien Welt entwickelten die Säugetiere schnell viele Größen und Formen mit unterschiedlichen Ernährungsweisen. Manche gruben unterirdische Baue. Andere wurden in Gebirgen oder auf Baumwipfeln heimisch. Ein paar entwickelten vor rund 50 Millionen Jahren Schwimmhäute und verbrachten viel Zeit im Wasser. Diese frühen Walvorfahren, die Urwale, waren wahrscheinlich delfingroß und suchten ihr Futter im warmen Flachwasser. Vor 50 bis 35 Millionen Jahren wurden ihre Körper glatter und ihre Hinterbeine verschwanden. Ihre Vorderbeine wurden zu Flippern und ihre Schwänze zu Fluken, die sie beim Schwimmen kräftig auf- und abbewegten.

Zwei Walarten entwickelten sich vor 35 bis 30 Millionen Jahren – die Zahnwale und die Bartenwale. Zahnwale verfügten über ein gutes Gehör und ein Echolokation genanntes Schallsystem. Bartenwale hatten eine neue Ernährungsweise. Sie siebten Nahrung durch kammähnliche Filter, die Barten. Von diesen beiden Walarten stammen alle heutigen Wale ab.

DIE LANDBEWOHNER
Bis vor 65 Millionen Jahren waren Säugetiere nur ratten- oder mausgroß. Die frühesten bekannten Vorfahren der Wale lebten vor 55 Millionen Jahren. Sie waren fleischfressende Säugetiere, die an Land lebten – vermutlich schon hundegroß wie Mesonyx.

DELFINÄHNLICH
Dorudon, der vor rund 25 Millionen Jahren lebte, sah mit seinem stromlinienförmigen Körper und der Rückenflosse eher wie ein heutiger Delfin aus. Seine Nasenlöcher lagen an der Oberseite des Kopfes.

ERSTE FILTERER
Vor den Bartenwalen gab es die bezahnten Filterwale wie Mammalodon, der vor 23 Millionen Jahren lebte. Er besaß wahrscheinlich Fransen zwischen den Zähnen, durch die er die Nahrung filterte.

WALE UND DIE ZEIT
Die Erdgeschichte ist in Ären, Perioden und Epochen eingeteilt, die auf Gesteinsschichten und in ihnen enthaltenen Fossilien beruhen. Fossile Urwale erscheinen in der Periode des Tertiärs.

Trias	Jura	Kreide	Tertiär	Qua
Mesozoikum			Känozoikum	
Vor 248 MioJ	Vor 208 MioJ	Vor 144 MioJ	Vor 65 MioJ	Vor 2 MioJ

Wörterbuch
- Ein **Fossil** ist der Überrest einer Pflanze oder eines Tieres, der im Lauf von Jahrtausenden versteinerte. Das lateinische Wort *fossilis* bedeutet „ausgegraben".
- **Paläo** kommt von griechisch *palaios* = „alt", darum ist ein **Paläontologe** ein Wissenschaftler, der sich mit vergangenen Erdzeitaltern beschäftigt.

Schon gewusst?
Einige frühe Wale hatten Hinterbeine, Überbleibsel aus der Zeit, als ihre Vorfahren an Land lebten. Protocetus hatte kleine Hintergliedmaßen, die er aber nicht benutzte. Ambulocetus dagegen besaß große Vorder- und Hintergliedmaßen. Wenn er nicht im Wasser war, watschelte er wohl wie ein Seelöwe umher.

Wegweiser
- Zwischen Bartenwalen und Zahnwalen gibt es viele Unterschiede. Lies darüber auf S. 14–15.
- Blättere zu S. 36–37, wenn du mehr über Echolokation wissen willst.

ALTE KNOCHEN
Die Knochen dieses Blauwals sind sorgfältig zusammengesetzt worden und zeigen anschaulich, wie das Skelett ausgesehen hat. Auf die gleiche Weise können Paläontologen ein Bild von Fossilien der urzeitlichen Vorfahren des Blauwals aufbauen, um eine Vorstellung davon zu bekommen, wie und wo sie lebten und wie sie ausgesehen haben könnten.

INSIDESTORY
Charlotte, der Wal im Binnenland
Im Jahre 1849 gruben Eisenbahnarbeiter in Vermont, USA, die Knochen eines geheimnisvollen Tieres aus. Noch nie zuvor hatte man in der Gegend etwas Ähnliches gesehen. Darum wurden Paläontologen gerufen, und diese identifizierten einen Belugawal. Er erhielt den Spitznamen Charlotte, nach der Stadt, in deren Nähe er gefunden wurde. Heute leben Belugas im eisigen Wasser der Arktis, aber dieser Beluga war in Vermont gelandet, 240 km vom nächsten Meer entfernt. Die Erklärung war, dass vor 11 000 Jahren, als Charlotte starb, dieses Gebiet vom Champlainsee eingenommen war. Als es sich später über den Meeresspiegel hob, wurde das Skelett freigelegt.

TERTIÄR IM BRENNPUNKT
Fossilien von Urwalen finden sich in Gesteinen der Eozän-Epoche. Moderne Wale gibt es seit dem Oligozän. Über die Entwicklung der Wale aus urzeitlichen Säugern gibt es viele Theorien.

Tertiär					
Paläozän	Eozän		Oligozän		Miozän
Vor 65 MioJ	Vor 55 MioJ	Vor 45 MioJ	Vor 35 MioJ	Vor 25 MioJ	Vor 15 MioJ

Riesen der Meere

VIELE WALE SIND groß, und es gibt sogar wahre Riesen unter ihnen. Aber unabhängig von ihrer Größe haben alle Wale gemeinsame Merkmale. Ihre Körper sind glatt und stromlinienförmig. Sie haben eine dicke Fettschicht, den Blubber, die Energie und Wärme speichert. Die meisten Wale haben eine Rückenflosse (Finne), die beim Schwimmen als Stabilisator dient – manche haben auch Rillen oder Buckel statt einer Finne. Die flachen Brustflossen (Flipper) werden zum Steuern benutzt. Die kräftige, zweizipfelige Schwanzflosse (Fluke) wird auf- und niedergeschlagen und treibt den Wal – groß oder klein, schnell oder langsam – voran.

Die riesigen Wale können nur so groß werden, weil ihr Körper vom Wasser getragen wird. In Luft – die ja Tiere, die an Land leben, umgibt – könnte das Skelett dieser Wale ihr gewaltiges Gewicht nicht stützen. Aber im Meer trägt sie das Wasser, so dass sie nahezu gewichtslos sind. Wale brauchen keine großen, schweren Knochen oder ein Skelett mit vier Beinen und einem langen Hals wie Landtiere. Sie kommen mit einem relativ einfachen Skelett aus weicheren, leichteren Knochen aus. Dieses Skelett umgibt die gleichen Organe (außer einem Blinddarm und einer Gallenblase), die alle Säugetiere haben und die einen perfekt an das Leben im Wasser angepassten Körper funktionieren lassen.

FAMILIÄRE UNTERSCHIEDE
Der gewaltige Größenunterschied zwischen diesem Südlichen Glattwal und den mit ihm schwimmenden Großen Tümmlern ist leicht zu erkennen. Und doch sind Delfine kleine Wale, und beide Tierarten gehören zu den Cetacea, den Waltieren.

DER BLAUWAL
Der Blauwal ist das größte Tier auf der Erde. Er wird bis zu 26-mal schwerer als ein Afrikanischer Elefant und hat ein Herz, das so groß wie ein Kleinwagen ist. Und die größten Blauwale sind weiblich – weibliche Bartenwale sind immer größer als die männlichen.

SEI AKTIV!
Wie groß?

Ein Buckelwal kann eine Länge von 19 m erreichen. Hast du eine Vorstellung, wie lang das ist? Um dir ein Bild davon zu machen, könntest du ein paar Freunde holen und mit dem Zentimetermaß messen, wie lang sie sind. Addiere die Maße. Hast du genug Freunde, um die ganze Länge eines Buckelwals zusammenzubekommen? Wenn nicht, nimm einen 9 m langen Schwertwal.

Wenn du ausrechnen willst, welche Wal-Länge du und deine Freunde ergeben, legt euch alle hintereinander in einem Park hin – euer Garten wird vermutlich zu klein sein –, damit ihr seht, wie groß der Wal ist. Ein Blauwal kann über zweimal so lang wie ein Buckelwal sein. Wie viele Freunde bräuchtest du für die Länge eines Blauwals?

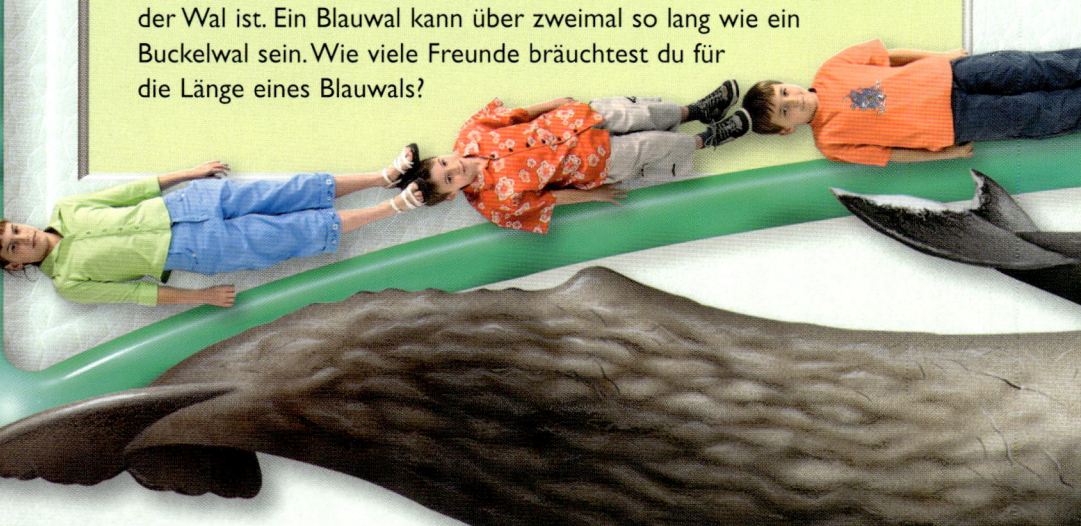

Pottwal: 20 m

Buckelwal: 19 m

Wörterbuch

Wann ist ein Wal ein Wal und wann ist er ein Delfin? Oder ein Schweinswal? **Wal** nennt man gewöhnlich die großen Wale, die über 3 m lang werden. Mit **Delfin** werden meist die kleineren Wale bezeichnet, und mit **Schweinswal** diejenigen, die noch kleiner sind. Aber… es gibt mindestens drei Wale, die weniger als 3 m lang sind, und ein oder zwei Schweinswale, die größer als Delfine sind.

Schon gewusst?

Hätte ein Elefant ein ebenso leichtes Knochenskelett wie ein Wal, könnte er nicht aufrecht stehen. Seine Beine würden umknicken. Und müsste ein Wal, insbesondere einer der Großwale, sich an Land aufhalten (zum Beispiel, wenn er gestrandet wäre), würde er vom Gewicht seines Körpers erdrückt werden.

Wegweiser

• Willst du mehr über die kleinen Wale wissen? Lies nach auf S. 16–17.
• Wale sind an das Wasserleben angepasst, aber wie können diese Riesen so elegant schwimmen? Lies auf S. 32–33.
• Einige der großen Wale wurden einst für Seeungeheuer gehalten. Mehr darüber erfährst du auf S. 50–51.

VON INNEN

Jedes Waltier hat die gleichen Organe wie andere Säugetiere, zum Beispiel Herz, Lungen, Leber und Magen. Aber die langen Wirbelknochen und die vergrößerte Melone über dem Schädel dieses Gewöhnlichen Delfins sind Anpassungen an das Leben im Wasser.

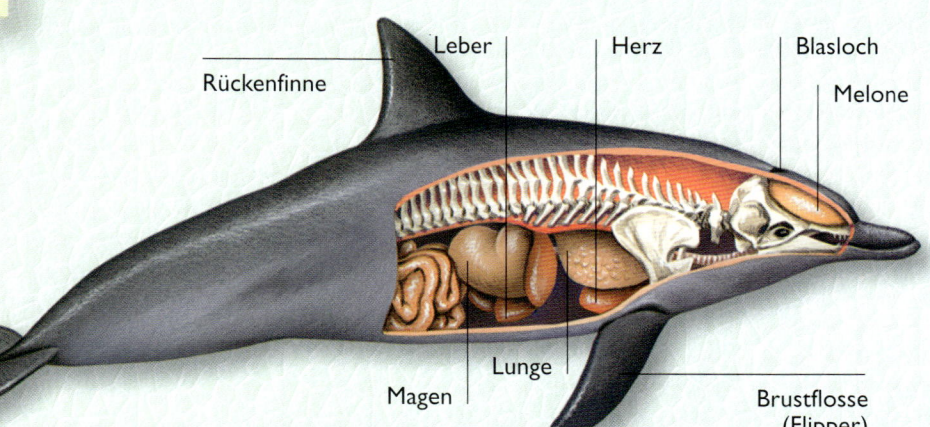

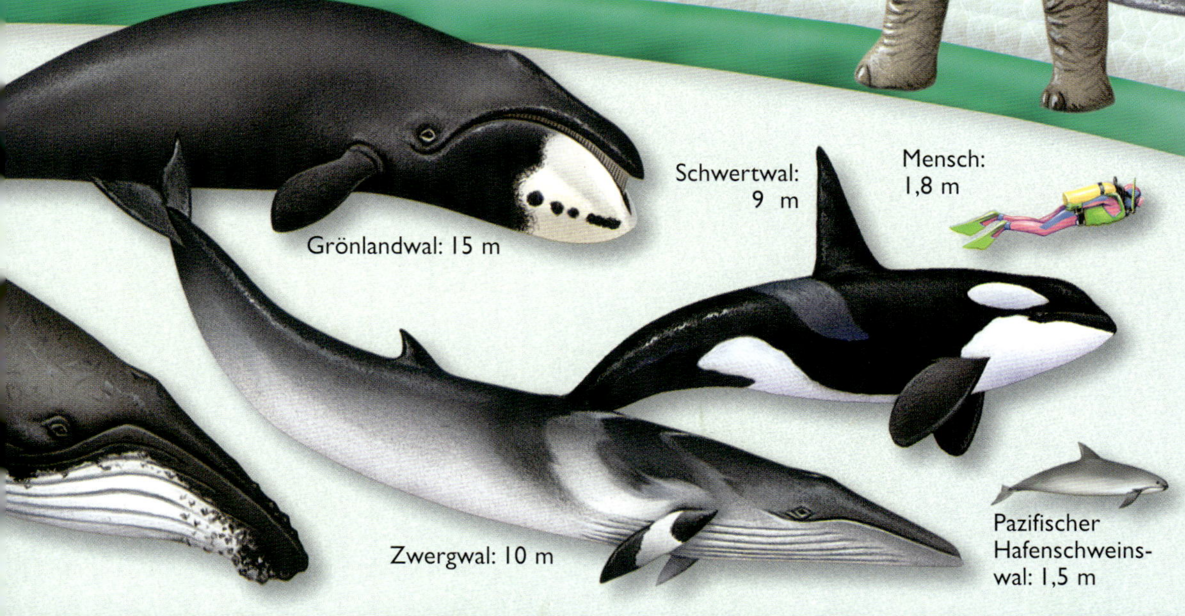

Rückenfinne | Leber | Herz | Blasloch | Melone | Magen | Lunge | Brustflosse (Flipper)

Grönlandwal: 15 m
Schwertwal: 9 m
Mensch: 1,8 m
Zwergwal: 10 m
Pazifischer Hafenschweinswal: 1,5 m

GRÖSSEN

Waltiere kommen in allen Größen vor, von klein bis supergroß. Der kleinste Wal, der Pazifische Hafenschweinswal, reicht einem 1,80 m großen Mann bis an die Schulter. Der größte, der Blauwal, ist etwa 19-mal so lang wie der Mann. Hier sind die Rekordhalter im Größenvergleich gezeigt.

Narwal Hafenschweinswal Gangesdelfin

Zähne oder Barten

Es gibt zwei Arten von Walen – Bartenwale und Zahnwale (wissenschaftlich als Mysticeti und Odontoceti bezeichnet). Am besten kann man sie mit einem Blick in ihren Mund unterscheiden. Bartenwale haben keine Zähne; stattdessen besitzen sie Barten. Barten sind ausgefranste Platten aus Keratin, einem Material, das sich wie Fingernägel anfühlt. Die Platten hängen vom Oberkiefer herunter und bilden Kämme, mit denen sie Nahrung aus dem Wasser filtern. Ein Bartenwal frisst, indem er große Mengen Wasser und darin schwebende Tiere in den Mund aufnimmt. Dann drückt er das Wasser durch die Barten wieder nach draußen, aber die Nahrung – kleine Krebse – bleibt hängen. Die elf Bartenwal-Arten fressen tonnenweise nur kleine Tiere, gehören aber zu den Riesen in der Welt der Wale – wie die Glattwale, Furchenwale, Grönlandwale und Grauwale.

Zahnwale sind meist viel kleiner – zu ihnen gehören Delfine und Schweinswale, aber auch der Pottwale, Schnabel-wale sowie Narwal und Beluga. Ihre Zähne – zwischen zwei und 252 – haben unterschiedliche Formen und Größen. Mit einem Spezialsinn, der Echolokation (den nach Meinung der Wissenschaftler nur Zahnwale besitzen), jagen sie Fische und Tintenfische, die sie einzeln hinunterschlucken. Ein weiterer Unterschied zwischen den beiden Walarten ist das Blasloch. Zahnwale haben ein und Bartenwale zwei Blaslöcher, dazu ein elastisches Verschlusspolster, damit kein Wasser eindringt.

Erst dreieckig, dann kegelig
Fossilien von urzeitlichen Zahnwalen zeigen, dass sie dreieckige Zähne hatten. Heute haben die meisten Wale Zähne, die wie spitze Kegel geformt sind und im Ober- und Unterkiefer sitzen.

SEI AKTIV!
Barten in Aktion

Fülle eine Handvoll Erbsen oder Bohnen, Reis, Sand und Salz in eine große Schüssel und bedecke sie mit Wasser. Verrühre alles ein paar Minuten lang, und schon hast du Futter, mit dem du deine Barten testen kannst. Stelle einen Durchschlag (frage einen Erwachsenen, ob du einen aus der Küche holen darfst) in ein Becken. Stell dir vor, dass der obere Rand des Durchschlags das Walmaul und das Sieb die Barten sind. Was geschieht, wenn du die Schüssel mit „Futter" in den Durchschlag schüttest? Das Wasser strömt durch die Barten nach draußen. Erbsen und Reis bleiben hängen und werden verschluckt. So funktioniert der Filterapparat der Barten. Aber was geschieht mit dem Sand und Salz?

Layards-Schnabelwal Pottwal

Wörterbuch

- **Odontoceti** kommt von griechisch *odont*, was „Zahn" bedeutet, und von lateinisch *cetus*, was „großes Meerestier" heißt. **Mysticeti** kommt von griechisch *mistax*, was „Schnurrbart" heißt. Gemeint sind die Wale mit einem „Schnurrbart" aus Barten.
- **Barten** hießen früher **Fischbein**, aber anders als „Bein", was so viel wie Knochen bedeutete, sind Barten biegsam.

Schon gewusst?

Beim Finnwal sind Unterlippe und Barten auf der linken Seite grau und auf der rechten weiß. Wissenschaftler haben für diese Zweifarbigkeit keine rechte Erklärung. Vielleicht wird Beute im dunklen Meer durch die helle Seite des Finnwals erschreckt und lässt sich leichter ins Maul schöpfen.

Wegweiser

- Barten- und Zahnwale haben unterschiedliche Ernährungsweisen. Der Buckelwal umgibt seine Beute mit einem Netz aus Luftblasen. Lies auf S. 30–31.
- Wie fängt ein Delfin Beute, die er nicht sehen kann? Mehr über Echolokation findest du auf S. 36–37.

WIE EINE SCHÖPFKELLE
Die längsten Barten hat der Grönlandwal. Er schwimmt gemächlich mit leicht geöffnetem Maul und schließt es erst dann, wenn sich auf den Barten eine genügende, das Auspressen und Verschlucken lohnende Futtermenge – reiskorngroße Ruderfüßer – angesammelt hat. Grönlandwale fressen bis zu 50 000 Ruderfüßer in der Minute.

WARZENKOPF
Nordkaper haben warzenähnliche Schwielen auf den Köpfen. An den Mustern, die diese Stellen aus verhärteter Haut bilden, können Wissenschaftler die Wale voneinander unterscheiden.

BARTEN KONTRA ZÄHNE
Barten- und Zahnwale haben unterschiedliche Jagd- und Fressgewohnheiten. Man kann sie aber noch an vielen anderen Dingen unterscheiden. Auch ihre Körperform und ihre Größe sowie ihr Brustbein, ihre Rippen und die Schädelform weichen voneinander ab.

SCHLANKER DELFIN
Als Zahnwal muss der Atlantische Weißseitendelfin seine Beute schnell verfolgen können. Dabei hilft ihm sein langgestreckter Körper.

STÄMMIGER WAL
Der Zwergglattwal ist, wie alle Bartenwale, stämmiger, weil er sich beim Beutefang langsam bewegen kann. Er braucht einen stark gewölbten Oberkiefer, in dem die vielen Barten Platz finden.

Commersons-Delfin   Hectors-Delfin

Delfine und Schweinswale

DER POPULÄRSTE DELFIN IST der „lächelnde" Große Tümmler. Diese Delfine sieht man häufig vom Strand aus oder bei Vorführungen im Zoo. Aber zur Familie der Delfine, den Delphinidae, gehören viele Arten mit unterschiedlichen Formen und Größen. So gibt es zum Beispiel den Schwertwal (auch Orca genannt), andere besonders große Delfine wie die Grindwale und 26 weitere, die Meere bewohnende Delfine.

Die klassische Delfinform ist lang und schlank mit einer gerundeten Melone auf dem Kopf und einer abgesetzten, schnabelartigen Schnauze (Rostrum). Es gibt aber auch Delfine, die stämmige Körper und stumpfe, abgerundete Schnauzen haben. Bis auf zwei haben alle eine Rückenfinne, die lang oder kurz, rund oder spitz sein kann. Viele haben Körpermerkmale – Flecken, Streifen oder schwarzweiße Muster – und ein paar sind schlicht grau oder braun. Delfine leben gern in Gruppen und kommen in tropischen Gewässern, zwischen Eisschollen, in Küstennähe oder auf offener See vor.

Schweinswale sind keine Delfine, obwohl sie oft mit ihnen verwechselt werden. Alle – und es gibt sechs Arten in der Familie der Phocoenidae oder Schweinswale – haben einen kleinen, runden Kopf mit stumpfer Schnauze, kleine Flipper und spatelförmige, scharfe Zähne. Sie sind kleiner und stämmiger als die meisten Delfine und leben gewöhnlich in Küstennähe. Aber sie sind, wie die Delfine, gesellig, und sie sind, wie diese, Zahnwale.

KAMPFNARBEN
Delfine leben in Gruppen, aber nicht immer friedlich. Diese Rissos-Delfine tragen Narben von Kämpfen oder Paarungsritualen, bei denen Delfine sich gegenseitig die Haut mit den Zähnen einritzen.

INSIDESTORY
Gerettet von Delfinen!

Eine Gruppe von Tauchern versuchte vor der Küste von Cornwall in England, Rettungsübungen durchzuführen. Ein dort heimischer Delfin namens Donald hielt das für ein tolles Spiel. Er störte die Taucher durch seine Sprünge, bis sie schließlich aufhören mussten.

Später unternahmen die Taucher bei einem nahen Schiffswrack Tauchgänge. Dabei geriet einer in Schwierigkeiten. Er kam an die Oberfläche und gab jemandem, der im Boot Ausschau hielt, Zeichen, sank dann aber. Der Mann sprang ins Wasser und schwamm los – das tat auch Donald. Diesmal aber schien Donald zu wissen, dass es kein Spiel war. Er hielt den Taucher vorsichtig über Wasser und half dem Retter, ihn zum Boot zu ziehen. Er hielt sogar seinen Kopf über Wasser und sah zu, bis der Taucher an Bord war. Donald war einer der vielen Delfine, die schon Ertrinkenden geholfen haben.

Langflossen-Grindwal

Wörterbuch

Delfin kommt vermutlich vom griechischen Wort für Delfin, *delphinos*. Es bedeutet auch „Meerschwein", was sich im deutschen Wort „Schweinswal" wiederfindet. Die Schnauze des Schweinswals ist stumpf wie die eines Schweines. **Delfin** könnte aber auch von griechisch *delphys* für „Meeressäuger" kommen.

Schon gewusst?

Delfine und Schweinswale sehen oft so aus, als lächelten sie für die Kamera. In Wirklichkeit lauschen sie. Sie schieben ihren Unterkieferknochen vor, der als höchst empfindsames Ohr fungiert. Wenn sie also zu lächeln scheinen, versuchen sie die Töne von anderen Delfinen und Schweinswalen auszumachen – die sie aus einer Entfernung von mehr als 1,5 km wahrnehmen.

Wegweiser

• Klagen, Grunzen, Bellen, Keuchen – sogar Singen. Wenn du wissen willst, wie Wale sich verständigen, blättere zu S. 38–39.
• Wie intelligent sind Delfine, und wie messen wir ihre Intelligenz? Finde auf S. 40–41 heraus, was ihre Gehirne im Vergleich zu unseren leisten.

Geborener Akrobat

Der Pazifische Weißseitendelfin gehört zu den vielen Delfinen, die Luftsprünge vollführen. Delfine springen offensichtlich, wenn sie aufgeregt sind oder sich freuen. Sie springen auch, um sich zu verständigen. Der Dunkle Delfin springt zum Beispiel, wenn er einen Fischschwarm entdeckt, möglicherweise als Signal an die anderen, dass Futter in Sicht ist.

Mit Delfinen schwimmen

Auf den Bahamas schwimmen Atlantische Fleckendelfine mit Menschen. Sie sind zwar eine kleine Delfinart, aber mit 2,3 m Länge immer noch über 30 cm größer als ein überdurchschnittlich großer Mensch.

Weißschnauzendelfin

Schweinswale

Zu den sechs Schweinswalarten gehören der kleinste Wal, der Vaquita, und der schnellste, der Dalls-Schweinswal. Den Brillenschweinswal bekommt man kaum zu Gesicht, der Indische Schweinswal und der Burmeisters-Schweinswal werden auch nur selten gesichtet. Der Hafenschweinswal ist ein häufiger Besucher der Häfen auf der nördlichen Erdhalbkugel.

Dalls-Schweinswal
Der Dalls-Schweinswal ist der kräftigste und schnellste Schwimmer aller Wale.

Brillenschweinswal
Dieser Schweinswal ist nach dem weiß umrandeten schwarzen Augenfleck benannt.

Indischer Schweinswal
Er ist in Küstengewässern, Flüssen und Mündungsgebieten Asiens anzutreffen.

Hafenschweinswal
Er heißt so, weil er am häufigsten in der Nähe von Häfen und Buchten gesichtet wird.

 Cuviers-Schnabelwal
 Baird-Wal
 Sowerby-Zweizahnwal

Absonderliche Geschöpfe

Einige seltsame und monströse Wale leben in den Meeren der Welt. Zu den ausgefallensten gehören der Narwal mit seinem Stoßzahn und der Beluga. Diese Wale sind in den eisigen Gewässern am Polarkreis, rund um den Nordpol, heimisch. Sie ähneln sich in Größe und Körperform, keiner hat eine Finne, und sie schwimmen oft zusammen. Belugas sind hellgrau, wenn sie geboren werden, und werden dann allmählich ganz weiß. Sie haben einen biegsamen, mit Blubber unterlegten Kopf, der sie aussehen lässt, als ob sie lächelten, zürnten oder auch pfiffen. Narwale hingegen werden weiß geboren und sind im Alter an Rücken und Flanken braunschwarz gesprenkelt. Männchen haben zwei Zähne, von denen der linke durch die Oberlippe zu einem spiralig gewundenen Stoßzahn von 2 bis 3 m Länge wächst.

Die Gruppe von Walen, von der Wissenschaftler am wenigsten wissen, sind die Schnabelwale. Diese Wale werden selten gesichtet. Sie leben oft auf hoher See, tauchen eine Stunde und länger und verschwinden, sobald Menschen in der Nähe sind. Ihre Schnauzen sind lang und schmal, und die meisten Männchen haben zwei bis vier Zähne im Unterkiefer.

Ebenfalls ungewöhnlich sind die fünf Flussdelfine. Diese kleinen Delfine haben winzige Augen und sind fast blind. Ihr Futter finden sie mit ihrer langen, mit spitzen Zähnen besetzten Schnauze, mit der sie in den trüben Flüssen Asiens und Südamerikas schnell nach Fischen schnappen.

Gesellige Tiere
Belugas leben gesellig. Sie verbringen den Sommer in Herden von tausend und mehr Tieren, suchen Nahrung, behüten ihre Jungen und reiben im Flachwasser tote Haut ab. Im Winter wandern sie in kleinen Gruppen von bis zu zwanzig Tieren.

Duell
Zwei männliche Narwale kämpfen mit gekreuzten Stoßzähnen. Junge Männchen kämpfen zum Spaß, aber ältere können sich bei Paarungskämpfen gegenseitig aufspießen. Gelegentlich werden auch Männchen mit zwei Stoßzähnen gesichtet.

Krumme Zähne
Der männliche Layards-Schnabelwal hat zwei Zähne im Unterkiefer, die nach oben aus dem Mund herauswachsen und sich dann um den Oberkiefer legen, so dass der Wal den Mund kaum öffnen kann. Diese „Wickelzähne" sind nicht zum Fressen geeignet – manche Wissenschaftler glauben, dass die Wale damit kämpfen.

Rosafarben
Der Amazonasdelfin oder Butu ist als Jungtier schiefergrau, doch mit zunehmendem Alter verblasst die Farbe und lässt das Rosa des pulsierenden Blutes durch die halb durchsichtige Haut scheinen.

Wörterbuch

- **Beluga** kommt von russisch *byelyi* für „weiß" und *byelukha* für „Wal". Weißwal ist ein anderer Name. Früher nannten Walfänger ihn „Meereskanarienvogel", da sie seine Rufe hören konnten.
- Der **Narwal** hat seinen Namen vom altnorwegischen Wort *nahvalr*, was „Leichenwal" bedeutet und sich auf seinen Bauch bezieht, der blass wie eine Leiche ist.

Schon gewusst?

Wenn der Amazonas über seine Ufer tritt, verlässt der Butu den Fluss und sucht zwischen Bäumen und Gräsern im überfluteten Regenwald nach Nahrung. Dank seines biegsamen Halses und seiner Flipper kann er gut zwischen den Ästen schwimmen. Und oft dreht er sich dabei um – das tut er, weil seine Wangen so weit hervorstehen, dass er richtig herum nur schwer über sie hinwegsehen kann.

Wegweiser

- Manche Wale sind Einzelgänger. Andere, wie Belugas, leben gesellig zu Hunderten, manchmal sogar zu Tausenden. Auf S. 44–45 steht, wie Wale miteinander leben.
- Narwale sind nicht die einzigen Wale, die kämpfen. Entdecke andere auf S. 46.

INSIDESTORY
Den Schnabelwalen auf der Spur

Schnabelwale sind von allen Walen am wenigsten bekannt, und viele sind noch nie lebend gesehen worden. Dr. Graham Ross beobachtet seit 30 Jahren Wale im Indischen Ozean. Er beschreibt diese Wale als „Rätsel, die etwas nerven". Bis vor kurzem waren vom Indopazifischen Schnabelwal nur zwei Schädel bekannt – einer von einem australischen Strand und der andere von einer Müllhalde in Somalia. Als ein neugeborenes Kalb 1976 in Südafrika an die Küste gespült wurde, identifizierte Dr. Ross es als Entenwal. Dann analysierte die Forscherin Merel Dalebout den Wal mit einer neuen DNA-Methode und erkannte, dass es ein Indopazifischer Schnabelwal war, das erste je entdeckte vollständige Exemplar, und zur gleichen Art gehörte wie der tropische Entenwal! Immer noch lösen neu entdeckte Wale manches Rätsel.

SELTSAME MEERESTIERE

Die Meere sind voll von seltsamen Meerestieren, die sich an bestimmte Bedingungen angepasst haben, um zu überleben. Je tiefer die Ozeane, desto seltsamer sind ihre Bewohner.

DER ANGLERFISCH
Anglerfische leben in der finsteren Tiefsee. Das Weibchen hat ein helles Licht auf seinem Kopf, mit dem es Fische anlockt – und dann auffrisst.

DER FETZENFISCH
Die blattähnlichen Hautlappen des Fetzenfisches fallen im Seegras nicht weiter auf. Fetzenfische sind mit den Seepferdchen verwandt.

DER KUHFISCH
Dieser fluoreszierende Fisch ist langsam und scheu. Aber – mit Stacheln, giftigem Fleisch und einem tödlichen Gift – kann der Kuhfisch sich gut verteidigen.

 Nordkaper  Dalls-Schweinswal  Brydewal

Wo Wale leben

OZEANE BEDECKEN über 70 Prozent der Erdoberfläche – und Wale sind fast überall in den Weltmeeren zu Hause. Je nach Art tauchen sie in der Tiefe des Atlantiks nach Fischen, reiten auf den Wellen vor einem afrikanischen Strand, tauchen um Eisberge vor Alaska oder paaren sich in warmen tropischen Gewässern.

Die ozeanische Welt besteht aus vielen verschiedenen Habitaten, von der Meeresoberfläche bis hin zur pechschwarzen Tiefsee und vom Äquator bis hin zu den Polen. Die Meerestiefe ändert sich von relativ flachen Kontinentalschelfen zu steilen Kontinentalabhängen und, schließlich, dem Ozeanboden, der mindestens 4 km unter der Oberfläche liegt. Auch die Temperatur ändert sich – von warm und tropisch über kühl und gemäßigt bis zu kalt und eisig.

Manche Wale leben fast überall. Der Schwertwal und der Zwergwal zum Beispiel sind in allen Meeren anzutreffen, bei allen Temperaturen. Ein Entenwal kann in einer geschützten Bucht ebenso wie weit weg vom Land auftauchen. Andere Wale bevorzugen eine bestimmte Gegend: Für den Hectors-Delfin ist es die Küstenlinie um Neuseeland, für den Vaquita der nördliche Golf von Kalifornien, Mexiko. Flussdelfine kommen selten in Ozeane. Und es gibt Wale, die zwischen einem Habitat, wo sie ihre Nahrung finden, und einem anderen, wo sie sich fortpflanzen, hin- und herziehen.

WARMWASSER-WALE
Bartenwale sind die Wanderer in der Welt der Wale. Sie ziehen zwischen eisigen polaren und tropisch warmen Gewässern hin und her. Brydewale aber unternehmen nur kurze Wanderungen, wenn überhaupt. Sie bleiben im warmen Wasser der Tropen und Subtropen.

AUSGUCK HALTEN
Orcas oder Schwertwale leben überall gern. Sie kommen in Küstennähe ebenso vor wie weit draußen auf dem offenen Meer – vom Äquator bis zum Nord- und Südpol. Diese beiden Bewohner einer polaren Region haben ihren Kopf aus dem Wasser gesteckt, um einen besseren Überblick zu gewinnen. Man nennt dieses Verhalten „Spähhüpfen". Nach etwa einer Minute tauchen sie leise wieder ab.

WALMÜTTER AUS DER NÄHE
Südliche Glattwale bringen ihre Jungen in Küstennähe zur Welt. Zu einer bestimmten Jahreszeit, von Mai bis November, kann man von Klippen in Chile, Argentinien, Südafrika und dem südlichen Australien aus Walmütter mit ihren neugeborenen Kälbern beobachten.

Schwertwal

Wörterbuch

- **Ozean** kommt von *okeanos*, dem griechischen Wort für „Fluss". Die alten Griechen glaubten, die flache Erde sei von einem großen Fluss umgeben.
- *Habitare* ist lateinisch für „besitzen oder bewohnen". Es liegt dem Wort **Habitat** zu Grunde, dem Ort, wo sich ein Tier oder eine Pflanze aufhält.

Schon gewusst?

Zwergwale sind in der Antarktis dabei beobachtet worden, wie sie Eisschollen auf dem Kopf balancierten. Belugas und Grönlandwale können unter dem Packeis überleben. Sie sind in der Lage, fast 2 km unter der dicken Eisschicht zu schwimmen, und wenn sie kein Loch zum Atmen finden, machen sie sich selbst eins. Belugas gelingt es, mit dem Rücken 7,5 cm dickes Eis aufzubrechen.

Wegweiser

- Manche Wale fressen im Norden und pflanzen sich weiter südlich fort. Lies über Wanderzüge der Wale auf S. 22–23.
- Wusstest du, dass der Pottwal bis in 3000 m Tiefe nach Nahrung tauchen kann? Lies darüber auf S. 24–25.
- Manche Wale dürfen nie im Meer schwimmen. Mehr über Wale in Gefangenschaft steht auf S. 58–59.
- Auf S. 60–61 erfährst du, wie du selbst Wale beobachten kannst.

SEI AKTIV!
Mach dir ein Polarmeer!

Nimm dir fünf oder sechs feste Plastikbeutel in der Größe von Frühstückstüten. Fülle einige zur Hälfte und die anderen zu einem Drittel mit Wasser. Verschließe die Beutel mit einem doppelten Knoten, damit kein Wasser ausläuft. Lege die Beutel in einen Eisschrank zwischen Packungen mit Gefriererbsen oder so, dann gefrieren sie zu interessanten Formen. Lass sie über Nacht im Eisschrank, nimm sie am nächsten Tag heraus und wirf die Beutel weg. Fülle ein Becken zwei Drittel voll Wasser, schütte Salz ins Wasser und lege die Eisberge hinein. Sieh zu, wie sie schwimmen und wie viel Eis über dem Wasser und wie viel darunter ist. Stell dir vor, du seist ein Wal in der Arktis, der versucht, beim Schwimmen nicht gegen die Eisberge zu stoßen. Wie würde dir das gelingen, vor allem, wenn es unter Wasser trübe wäre und du nichts sehen könntest?

OZEANISCHE UMWELT

Die Ozeane bieten viele Habitate: Watt, Sandstrände und Felsen; Flussmündungen und Sümpfe; Korallenriffe und seichtes Wasser sowie mittlere Tiefen (300 m unter der Oberfläche).

TANGWÄLDER
Ein Tangwald wächst in kaltem, sonnenbeschienenem Wasser an der Küste und ist ein Ort, wo die Nahrungskette der Wale beginnt.

FELSENKÜSTE
Seichte, blaugrüne Küstengewässer sind voller Plankton und Fische. Eine Felsenküste bietet Walen Nahrung und etwas Schutz.

ZWIELICHTZONE
Die mittleren Tiefen sind kalt und voller durchsichtiger Fische, großmauliger Aale und riesiger Tintenfische – der Lieblingsnahrung des Tieftauchers Pottwal.

Laubfrosch

Monarch-Schmetterling

Küstensee-schwalbe

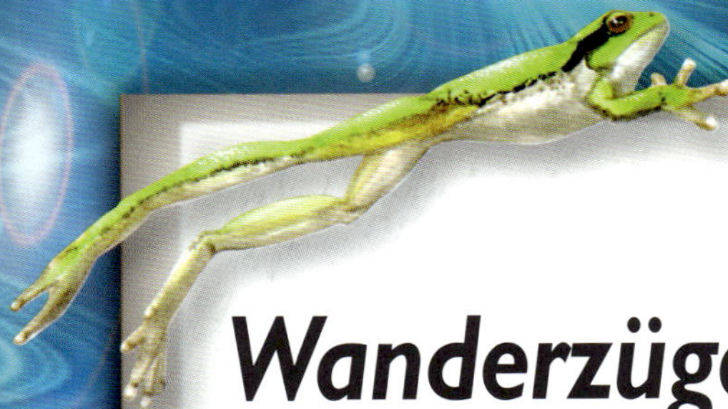

Wanderzüge

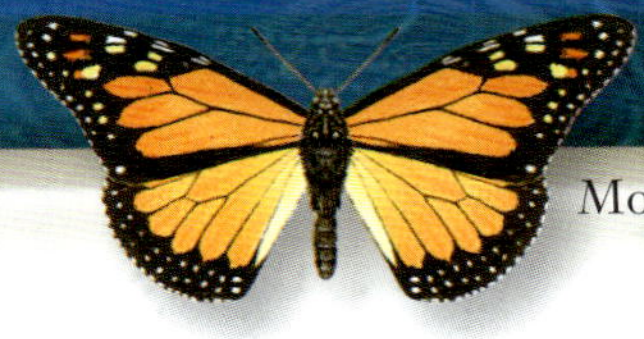

MANCHE WALE verbringen den Sommer in der Arktis oder Antarktis, wo sie reiche Nahrungsgründe finden. Wenn es kühler wird, ziehen sie in wärmere Gewässer. Wie auch die am Rand dieser Seite abgebildeten Tiere unternehmen Wale weite Wanderungen. In Schulen schwimmen sie zwei bis drei Monate lang Tag für Tag und halten nur an, um sich auszuruhen oder zu kommunizieren – aber nicht um zu fressen –, bis sie am Ziel angekommen sind: ihren Fortpflanzungsplätzen in den Tropen. Dort bleiben sie im Winter, paaren sich oder bringen Junge zur Welt. Wenn es wieder milder wird, kehren sie in ihre sommerlichen Nahrungsgebiete im Eis zurück.

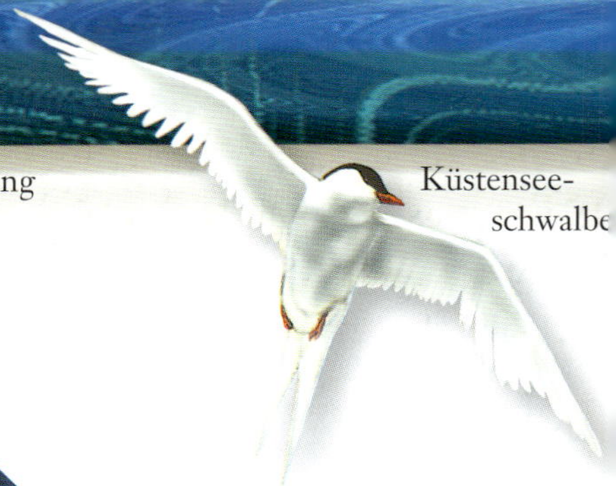

Fast alle Großwale (Bartenwale) unternehmen unglaublich lange Wanderungen. Die längste ist die des Buckelwals; er schwimmt von der Antarktis nach Costa Rica und Kolumbien und wieder zurück. Ähnlich lang ist die Reise des Grauwals von Alaska nach Mexiko und zurück. Das Tempo der meisten liegt zwischen 1,5 und 8 km in der Stunde, aber ein Finnwal erreichte den Rekord von 17 km in der Stunde über 3700 km.

Auch einige Zahnwale wandern. Der Langflossen-Grindwal und der Pottwal (nur männliche Tiere!) machen die Hin- und Rückreise vom Pol zu denTropen jedes Jahr. Belugas überqueren bei ihrer Wanderung den Polarkreis südwärts.

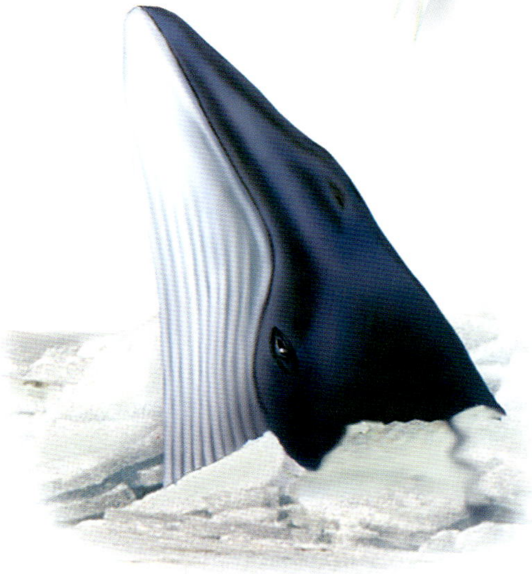

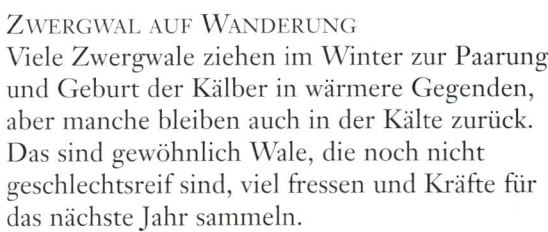

ZWERGWAL AUF WANDERUNG
Viele Zwergwale ziehen im Winter zur Paarung und Geburt der Kälber in wärmere Gegenden, aber manche bleiben auch in der Kälte zurück. Das sind gewöhnlich Wale, die noch nicht geschlechtsreif sind, viel fressen und Kräfte für das nächste Jahr sammeln.

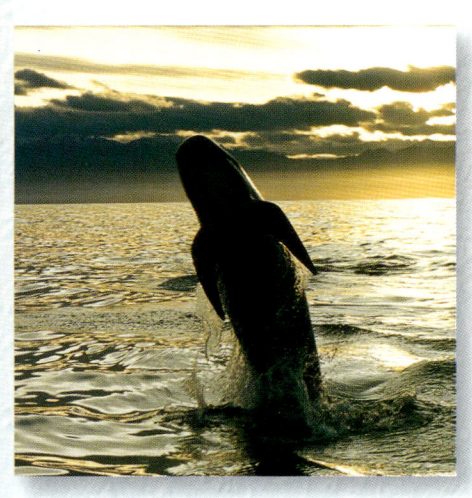

DEM FUTTER HINTERHER
Der Langflossen-Grindwal lebt zwar nomadisch, unternimmt aber keine Wanderungen. Nomaden legen viel kürzere Strecken zurück als Wanderwale und folgen nur den Zügen ihrer Nahrungstiere – in diesem Fall Tintenfische, die mit den Strömungen ziehen.

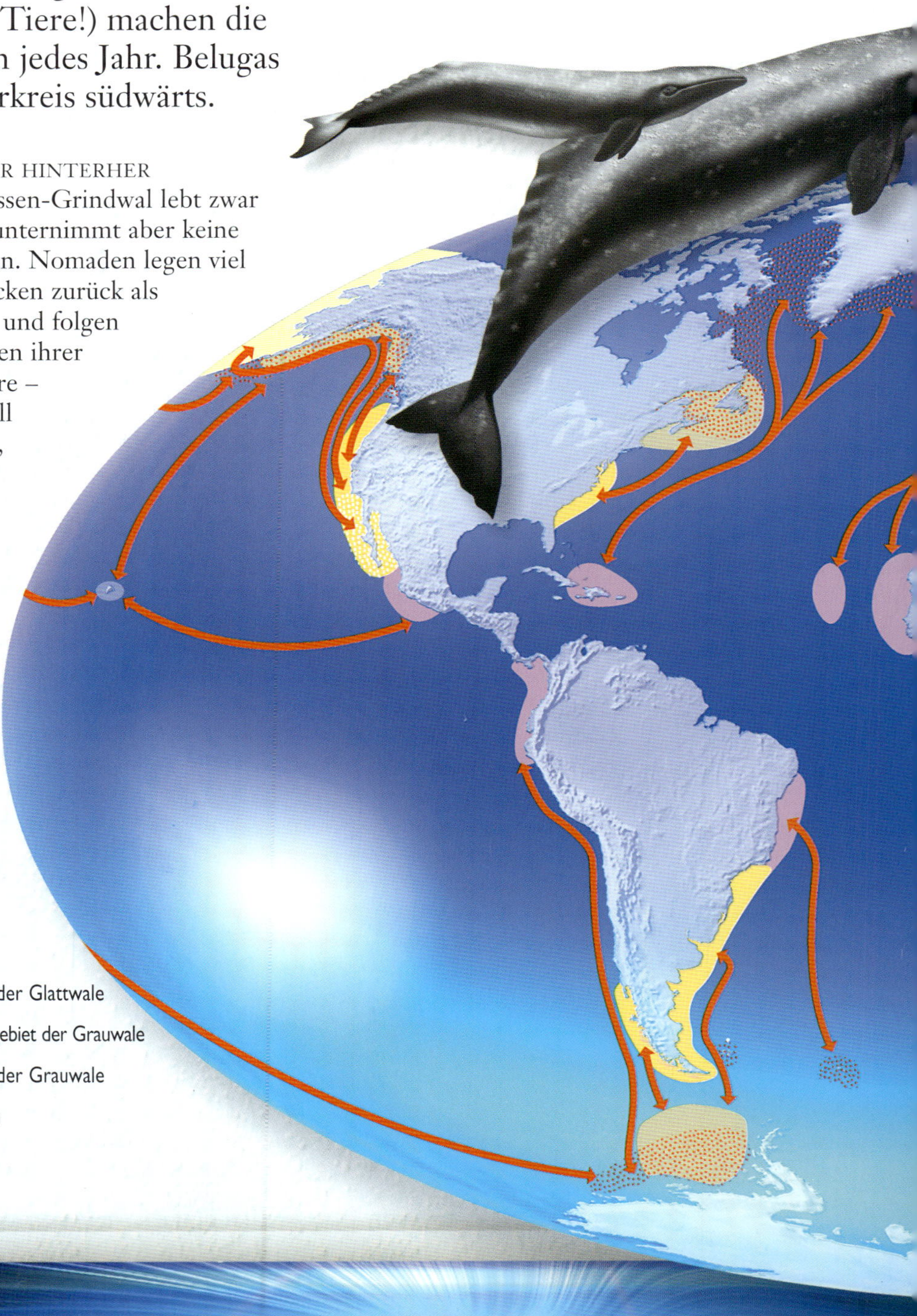

DIE GROSSEN WANDERER
Glattwale, Buckelwale und Grauwale sind wahre Marathonschwimmer. Jedes Jahr schwimmen Grauwale 20 000 km von Mexiko nach Alaska und zurück (ein Grauwal mit Kalb ist oben abgebildet). Die jungen Kälber gehen schon mit zwei Monaten auf diese Reise. Wenn sie lange genug leben, um 40 Jahre alt zu werden, sind sie einmal zum Mond und zurück geschwommen.

- Fortpflanzungsgebiet der Buckelwale
- Weidegründe der Buckelwale
- Fortpflanzungsgebiet der Glattwale
- Weidegründe der Glattwale
- Fortpflanzungsgebiet der Grauwale
- Weidegründe der Grauwale
- Wanderrouten

Blaurückenlachs

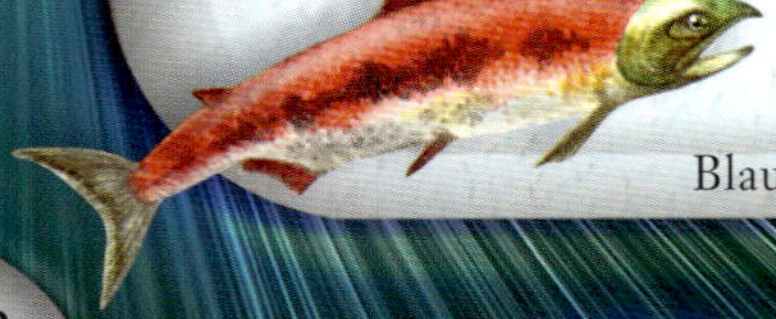

Wörterbuch

• **Nomade** kommt von griechisch *nomas* und heißt so viel wie „mit weidenden Viehherden umherziehend". Nomadisch lebende Wale sind solche, die keine Wanderungen unternehmen und nicht auf bestimmten Routen durch die Meere ziehen. Nomadische Wale schwimmen dorthin, wo ihre Beutetiere sind.

Schon gewusst?

Die großen Wale können ihr Gewicht während der Zeit, in der sie nur fressen, verdoppeln. Aber auf ihren Wanderzügen nehmen sie manchmal acht Monate lang überhaupt keine Nahrung auf. Sie leben dann von der in ihrem Blubber gespeicherten Energie.

Wegweiser

• Blättere zu S. 24-25 und finde heraus, wodurch Wale perfekt an das Leben im Wasser angepasst sind.
• Wale benutzen zur Orientierung Schall. Mehr darüber steht auf S. 36.
• Manche Wale singen auf ihren Wanderzügen. Lies darüber auf S. 38.

INSIDESTORY

Wale zählen

Wale sind schwer zu zählen. Schließlich sind sie meist unter Wasser, und es kann leicht sein, dass man denselben Wal zweimal zählt. Die Lösung ist die Zählung aus der Luft. Forscher des kanadischen Fischereiministeriums überwachen mit dieser Methode den Bestand der Belugas des St.-Lorenz-Stroms in Kanada. Sie überfliegen das Gebiet in einem kleinen Flugzeug auf einer bestimmten Route. Eine unter dem Flugzeug angebrachte Kamera macht Fotos. Im Labor zählen die Forscher alle Belugas auf den Fotos und machen eine Schätzung, die auch Belugas einbezieht, welche nicht fotografiert werden konnten, weil sie gerade unter Wasser waren. Bei der letzten Zählung gab es in dieser Gegend rund 1000 Belugas. Das sind zwar nur etwa 20 Prozent des Bestands, der noch vor 100 Jahren da war, aber die Zahl scheint sich zu stabilisieren.

HILFE AUS DEM ALL

Wissenschaftler erhielten Hilfe aus dem All, um herauszufinden, wohin die winterlichen Wanderzüge der Belugas Nordostkanadas führten. Sie befestigten einen Sender an einem Beluga. Er sandte Signale an einen Satelliten, die den Standort des Belugas angaben. Danach verfolgten sie die Route. Und weil Belugas in Herden wandern, brauchten sie nur einen zu verfolgen, um das Ziel aller zu kennen: Grönland.

Wissenschaftler befestigen einen Satellitensender am Beluga.

Der Satellit empfängt im Weltall Signale vom Beluga.

Weißschwanzgnu

Wissenschaftler bekommen die Signale auf ihren Computer und arbeiten die Route danach aus.

Indianerfisch 　　　Tang 　　　Schwamm 　　　Drückerfisch

Wasserwelt

WÜRDEST DU nur wenige Stunden im Ozean verbringen, kämst du runzelig, von Sonne und Wind gegerbt, salzverkrustet und sehr, sehr kalt wieder heraus. Wale aber verbringen ihr ganzes Leben im Wasser und haben keines dieser Probleme. Sie haben sich im Lauf von Jahrmillionen an das Leben im Wasser angepasst.

Ihre Körper sind stromlinienförmig und ihre Haut ist seidenglatt und elastisch, ohne Falten und fast ohne Haare. Diese extrem glatte Form macht es für sie leicht, im Wasser zu schwimmen, das viel dichter ist als Luft und darum schwerer zu durchqueren ist (versuche einmal, in einem Schwimmbecken so zu laufen wie auf einem Gehweg). Walhaut enthält Stoffe, die sie feucht halten und schützen, und dicht darunter liegt eine Schicht aus Blubber, die im kalten Wasser warm hält und als Energiespeicher dient.

Wale haben leichte Skelette, so dass sie sehr groß werden können und dennoch vom Wasser getragen werden. Sie würden aber sinken, hätten ihre Körper nicht die Fähigkeit entwickelt, im Wasser zu schweben. Sie können auch sehr tief tauchen, indem sie ihren Herzschlag verlangsamen, um Sauerstoff zu sparen, und haben keine Last mit dem zunehmenden Wasserdruck, der beim Menschen die Taucherkrankheit verursacht. Und sie haben mit ihrem extrem guten Gehör und der Echolokation Sinne, welche die beste Art der Verständigung unter Wasser optimal nutzen – mit Schall. All diese Anpassungen machen Wale zu den einzigen Säugetieren, mit Ausnahme von Manatis (Seekühen) und Dugongs, die ständig im Wasser leben können.

TUCUXI – TYP EINS UND TYP ZWEI
Einige Tucuxi mögen gern Süßwasser, andere ziehen Salzwasser vor. Der erste Typ lebt in den Flüssen Südamerikas, dem Amazonas und dem Orinoco. Der zweite Typ lebt vor der Küste im Atlantischen Ozean – er ist größer und dunkler als der Fluss-Tucuxi.

IM FLACHWASSER
Der Indopazifische Buckeldelfin tritt vorwiegend in Küstennähe auf, vom südlichen Afrika bis hinauf nach Asien und von dort weiter bis nach Nordaustralien. Er verbringt seine Zeit mit der Suche nach Fischen und Muscheln in den warmen, flachen Gewässern der Mangrovensümpfe, Lagunen und Flussmündungsgebiete. Gelegentlich schwimmt er auch ein Stückchen flussaufwärts.

SEI AKTIV!
Die Kälte fühlen

Um dir vorstellen zu können, wie unempfindlich Wale gegen Kälte sind, fülle ein Becken mit kaltem Wasser und lege deine Hand hinein. Wie lange kannst du sie dort lassen, bevor sie zu kalt wird? Schütte nun die Hälfte des Wassers aus und gebe stattdessen viele Eiswürfel hinein. Lege wieder deine Hand hinein. Wie lange kannst du sie diesmal drinlassen? Trockne deine Hand gut ab, ziehe dann einen Gummihandschuh oder Plastikbeutel an. Lege deine Hand ins Wasser und prüfe, ob es länger oder weniger lange dauert, bis sie sich kalt anfühlt. Ziehe nun einen Wollhandschuh unter dem Gummihandschuh oder Plastikbeutel an. Lege deine Hand ins Wasser. Ist es jetzt länger erträglich? Vermutlich ja. Genauso halten sich Wale selbst in eiskaltem Wasser warm: Blubberschichten statt Wolle und Gummi.

Wörterbuch

Die **Taucherkrankheit** verursacht Muskel- und Gelenkschmerzen und kann sogar zu Lähmungen führen. Wenn ein Taucher sich längere Zeit in großen Tiefen aufgehalten hat, darf er nur langsam wieder auftauchen, weil sonst der Stickstoff in seinem Blut ausperlt wie die Bläschen aus einer Seltersflasche.

Schon gewusst?

Obwohl Wale oft in eiskaltem Wasser leben, kann ihnen doch vom schnellen Schwimmen warm werden. Um nicht zu überhitzen, wird warmes Blut durch Arterien in Flipper, Finne und Fluke gepumpt. Da diese Körperstellen dünn sind und keinen Blubber haben, wird die Wärme schnell ans Wasser abgegeben und das abgekühlte Blut fließt in den Körper zurück.

Wegweiser

• Dank ihrer Körperform gleiten Wale mit Leichtigkeit durchs Wasser. Wenn du wissen willst, wie Wale sich fortbewegen, blättere zu S. 32–33.
• Kann man sich einen Wal außerhalb des Wassers vorstellen? Was geschieht, wenn Wale stranden, steht auf S. 56–57.

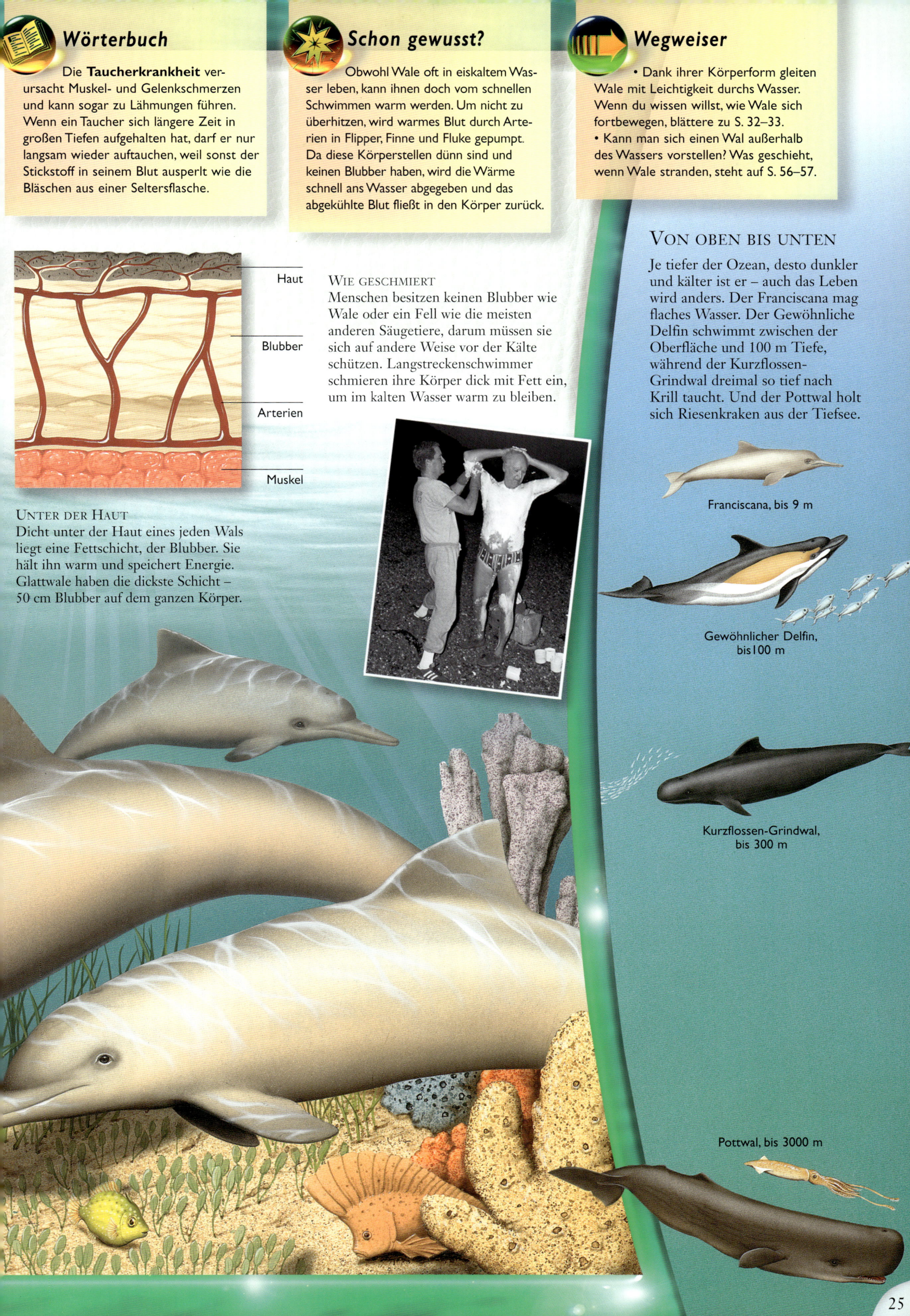

WIE GESCHMIERT
Menschen besitzen keinen Blubber wie Wale oder ein Fell wie die meisten anderen Säugetiere, darum müssen sie sich auf andere Weise vor der Kälte schützen. Langstreckenschwimmer schmieren ihre Körper dick mit Fett ein, um im kalten Wasser warm zu bleiben.

UNTER DER HAUT
Dicht unter der Haut eines jeden Wals liegt eine Fettschicht, der Blubber. Sie hält ihn warm und speichert Energie. Glattwale haben die dickste Schicht – 50 cm Blubber auf dem ganzen Körper.

VON OBEN BIS UNTEN
Je tiefer der Ozean, desto dunkler und kälter ist er – auch das Leben wird anders. Der Franciscana mag flaches Wasser. Der Gewöhnliche Delfin schwimmt zwischen der Oberfläche und 100 m Tiefe, während der Kurzflossen-Grindwal dreimal so tief nach Krill taucht. Und der Pottwal holt sich Riesenkraken aus der Tiefsee.

Franciscana, bis 9 m

Gewöhnlicher Delfin, bis 100 m

Kurzflossen-Grindwal, bis 300 m

Pottwal, bis 3000 m

Ein Leben als Wal

VON TRÜBEN Flüssen bis zu weiten, tiefen Ozeanen und polaren Meeren sind die Gewässer der Welt die Heimat der Wale. Wie alle anderen Wassertiere schwimmen auch Wale auf eine bestimmte Art. Weil Wale Luft atmen, halten sie sich viel an der Wasseroberfläche auf, aber sie tauchen auch wie die Weltmeister nach Nahrung und ihre Sinne sind aufs Feinste darauf abgestimmt. Sie können ihre Beute spüren, jagen und fangen, ohne sie je gesehen zu haben. Aber wie schaffen sie das alles? Lies weiter, dann weißt du es.

Seite **28** Wale können nicht unter Wasser atmen wie Fische. Wie gelingt es dann einigen Arten, mit einem Atemzug zwei Stunden auszukommen?

Lies nach bei FONTÄNEN BLASEN.

Seite **30** Ein Blauwal kann täglich sechs bis acht Tonnen Krill fressen. Was steht auf dem Speisezettel von Delfinen und Schweinswalen?

Lies nach bei SIEBEN, SAUGEN, SCHNEIDEN.

Seite **32** Wie bewegt sich dieser Sanduhr-Delfin vorwärts?

Lies nach bei HINAB IN DIE TIEFE.

Seite **34** Was macht dieser Buckelwal? Ist dies ein freundliches Winken oder eher ein Zeichen von Wut?

Lies nach bei LUFTAKROBATEN.

Seite **36** Diese Fledermaus hat einen Sinn, den wir nicht haben, den aber Wale haben. Welcher ist es?

Lies nach bei SINNE IM EINSATZ.

Seite **38** Grillen zirpen und Vögel singen – wie verständigen sich Wale?

Lies nach bei IN GESÄNGEN REDEN.

Seite **40** Viele Wale lernen schnell, aber wie intelligent sind sie?

Lies nach bei CLEVERE WALE.

Seite **42** Wie lange bleibt ein Pottwal-Baby in der „Kinderstube"?

Lies nach bei DER BEGINN DES LEBENS.

Seite **44** Wusstest du, dass einige Delfine lange während Beziehungen eingehen?

Lies nach bei FAMILIE UND FREUNDE.

Seite **46** Walen drohen viele Gefahren, aber Menschen können ihre größte Bedrohung sein. Warum?

Lies nach bei GEFAHR IM WASSER.

Pottwal   Buckelwal   Seiwal   Glattwal

Fontänen blasen

DAS ERSTE ZEICHEN eines großen Wals ist meist ein plötzliches, explosionsartiges Geräusch, wenn er durch sein Blasloch ausatmet. Dann atmet er sofort wieder ein, bevor er abtaucht. Der Blas der kleineren Zahnwale ist weniger laut. Aber alle Wale müssen ihren Kopf aus dem Wasser recken, um durch Öffnen und Schließen ihrer Blaslöcher Sauerstoff in ihre Lungen zu atmen, sonst ertrinken sie.

Wale atmen bewusst – wir Menschen atmen unbewusst. Ein an der Oberfläche ruhender Furchenwal bläst langsam, ein durch die Wellen schießender Schweinswal atmet schnell. Wenn Wale operiert werden, werden sie nie völlig betäubt, weil sie dann aufhören könnten, zu atmen.

Unter Wasser halten Wale den Atem an – ein Delfin, der im Flachwasser frisst, 10 Sekunden, ein Pottwal, der in die Tiefe abtaucht, bis zu zwei Stunden lang. Man könnte denken, dass sie deswegen große Lungen hätten, aber ihre Lungen sind im Verhältnis zur Körpergröße eher klein. Dennoch ist ihre Atmung sehr effizient – jedes Mal, wenn Wale atmen, ersetzen sie 80 Prozent der verbrauchten Luft in ihren Lungen durch frische (bei uns sind es nur 25 Prozent). Ihr Blut speichert mehr Sauerstoff als unser Blut.

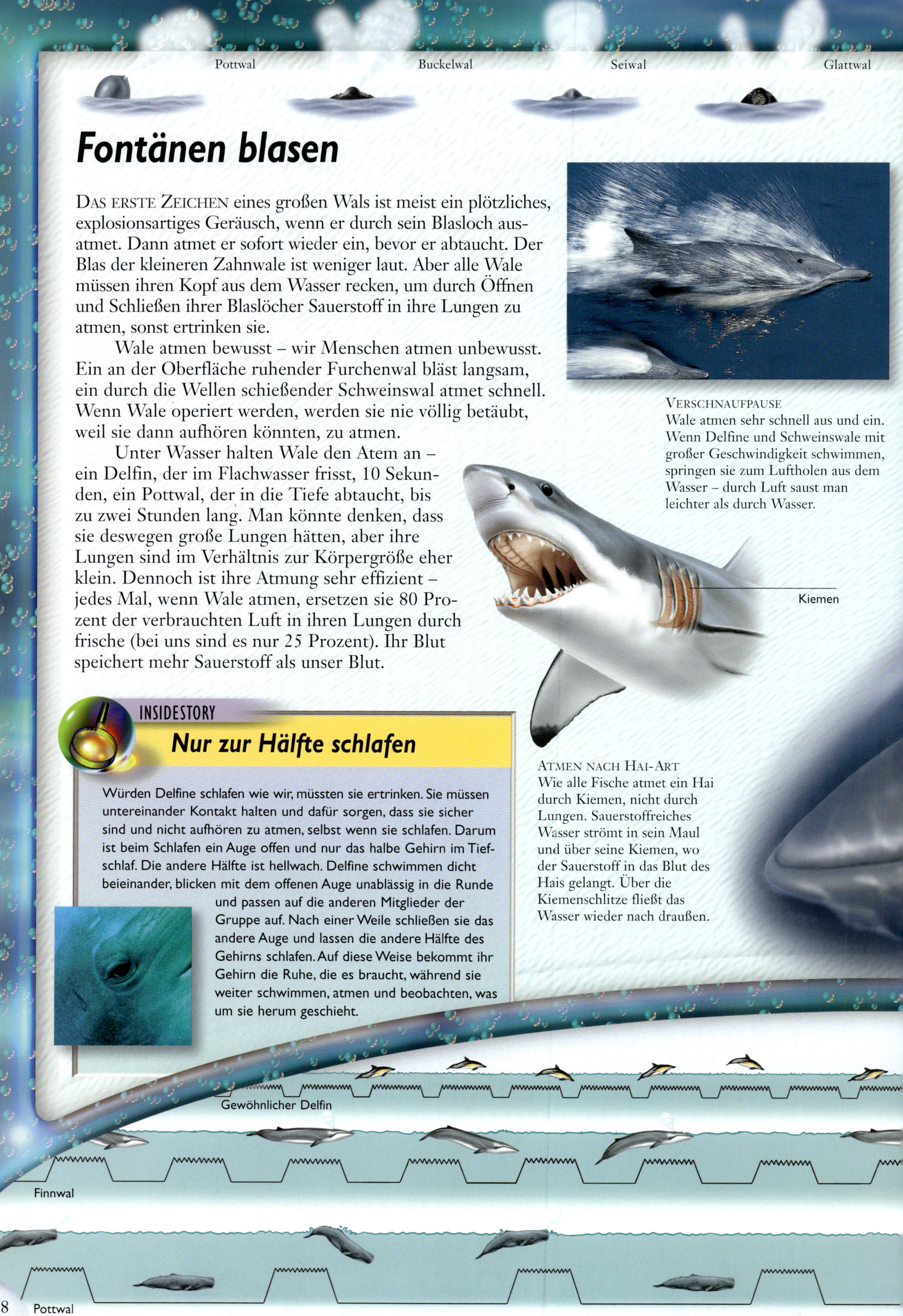

VERSCHNAUFPAUSE
Wale atmen sehr schnell aus und ein. Wenn Delfine und Schweinswale mit großer Geschwindigkeit schwimmen, springen sie zum Luftholen aus dem Wasser – durch Luft saust man leichter als durch Wasser.

Kiemen

ATMEN NACH HAI-ART
Wie alle Fische atmet ein Hai durch Kiemen, nicht durch Lungen. Sauerstoffreiches Wasser strömt in sein Maul und über seine Kiemen, wo der Sauerstoff in das Blut des Hais gelangt. Über die Kiemenschlitze fließt das Wasser wieder nach draußen.

INSIDESTORY
Nur zur Hälfte schlafen

Würden Delfine schlafen wie wir, müssten sie ertrinken. Sie müssen untereinander Kontakt halten und dafür sorgen, dass sie sicher sind und nicht aufhören zu atmen, selbst wenn sie schlafen. Darum ist beim Schlafen ein Auge offen und nur das halbe Gehirn im Tiefschlaf. Die andere Hälfte ist hellwach. Delfine schwimmen dicht beieinander, blicken mit dem offenen Auge unablässig in die Runde und passen auf die anderen Mitglieder der Gruppe auf. Nach einer Weile schließen sie das andere Auge und lassen die andere Hälfte des Gehirns schlafen. Auf diese Weise bekommt ihr Gehirn die Ruhe, die es braucht, während sie weiter schwimmen, atmen und beobachten, was um sie herum geschieht.

Gewöhnlicher Delfin

Finnwal

Pottwal

Wörterbuch

Wenn ein Wal ausatmet, spricht man richtiger von einem **Blas** als von einer **Fontäne**. Fontäne würde heißen, dass Wasser aus dem Blasloch ausgestoßen wird. Lange Zeit glaubte man, Wale würden Wasser ausspritzen und auf diese Weise sogar Boote zum Kentern bringen. Aber der Blas besteht ja nicht aus Wasser, sondern aus Wasserdampf.

Schon gewusst?

Früher glaubte man, der Blas eines Wals sei so übelriechend, dass man davon Kopfschmerzen bekommen könne, aber das stimmt natürlich nicht. Der Blas der Zwergwale riecht allerdings nach Brokkoli, der zu lange gekocht wurde. Wenn du also zum Walbeobachten auf See bist und plötzlich eine Ladung Brokkoli-Luft abbekommst, weißt du, dass gerade ein Zwergwal zum Luftholen hochgekommen ist.

Wegweiser

- Delfine sind Akrobaten und Schnellschwimmer. Eindrucksvolle Luftsprünge siehst du auf S. 34–35.
- Wie ist es möglich, dass Wale so lange und in so großer Tiefe schwimmen? Die Antwort darauf steht auf S. 32–33.
- Der Blas ist je nach Walart unterschiedlich geformt. Wie man Wale sonst noch unterscheiden kann, steht auf S. 60–61.

ER BLÄST!

Der Blas eines Wals besteht aus Luft, Wasserdampf, etwas Meerwasser und Schleim – wie ein gewaltiger Nieser, den man sehen kann. Und bei jeder Walart sieht der Blas anders aus. Der hier gezeigte Finnwal erzeugt einen einzelnen, steil nach oben gerichteten Blas. Beim Pottwal ist die Blaswolke schräg nach links gerichtet. Bei einigen Walen, wie Grönlandwalen, Glattwalen und Grauwalen, ist der Blas zweigeteilt und V-förmig. Der gewaltige Blauwal bläst mit 9 m am höchsten.

TAUCHGÄNGE

Der Pottwal kann eine Tiefe von 3000 m erreichen und seinen Atem bis zu 2 Stunden anhalten. Wenn er wieder auftaucht, atmet er schnell ein. Der Finnwal taucht 10 bis 15 Minuten lang und nicht tiefer als 100 m. Der Gewöhnliche Delfin macht nur kurze Tauchgänge, zwischen 10 Sekunden und 2 Minuten, kann aber notfalls auch 8 Minuten lang durchhalten.

KLEINFUTTER
Bartenwale fressen Zooplankton (ganz rechts), das aus winzigen Krebsen (Crustacea) und Larven besteht. Kleine Krebse wie Krill (rechts), Ruderfußkrebse (Copepoda) und Flohkrebse (Amphipoda) gehören häufig zum Zooplankton.

Sieben, saugen, schneiden

ALLE WALE SIND Fleischfresser. Aber Bartenwale und Zahnwale ernähren sich auf sehr unterschiedliche Weise.

Bartenwale gehören zu den größten Meerestieren, leben aber vom kleinsten Seegetier. Sie verschlingen Schwärme von winzigem Zooplankton, Krill und etwas größeren Weichtieren, und auch Schwärme kleinerer Fische stehen auf dem Speisezettel. Furchenwale nehmen planktonreiches Wasser in ihren dehnbaren Kehlsack auf, und Glattwale schwimmen mit weit aufgerissenem Maul durch Schwärme von Plankton. Andere Bartenwale schlürfen das Plankton ein, während Grauwale Tiere des Meeresbodens in ihr Maul schürfen.

Zahnwale dagegen jagen aktiv. Während einige ihre Beute vor dem Hinunterschlucken kauen oder zerschneiden, benutzen andere ihre Zähne nur bei der Jagd und schlucken dann ihr Futter in den Magen. Das könnte erklären, wie Wale mit verformten Kiefern oder beschädigten Zähnen es schaffen, zu überleben – sie saugen ihre Nahrung vermutlich wie ein Staubsauger ein.

Zahnwale ernähren sich unterschiedlich, von Fischen, Muscheln oder Kraken. Während Schnabelwale nach Tiefseekraken tauchen, nehmen Schwertwale alles – von Seevögeln und Robben bis zu Bartenwalen. Wie viele Zahnwale jagen Schwertwale in Gruppen.

SPEZIELLE FRESSTECHNIK
Beim Fressen rollen sich Grauwale auf die Seite und schürfen mit geöffneten Kiefern am Meeresboden Sand und Schlamm auf. Auf diese Weise fangen sie sich kleine Krebse und Würmer. Die meisten Grauwale fressen auf der rechten Seite. Das erkennt man daran, dass die Barten an dieser Seite stärker abgenutzt sind. Einige Grauwale sind aber auch „Linkshänder".

 **INSIDESTORY**
Raffinierte Fangtechnik

Wir waren in Alaska, um Buckelwale zu sehen ... plötzlich stieg eine Luftblase an die Oberfläche, knapp 9 m entfernt... Sie war etwa tellergroß, und schnell folgten andere ... In wenigen Augenblicken hatte sich ein riesiger Ring aus Blasen gebildet. Dann geschah es.

Plötzlich tauchten 14 Buckelwale aus brodelndem Wasser auf ... Wasser stürzte in ihr weit geöffnetes Maul mit den aufgeblähten Kehlfurchen, und zwischen Massen springender Heringe kamen die Wale bis zu 6 m hoch, bevor sie zurücksanken. Als das Wasser wieder ruhig war ... waren die Wale verschwunden und nicht die geringste Spur des Schauspiels war geblieben.

Tagebuchauszug, Juli 1995, Mark Carwardine, Cetologe

VIEL APPETIT
Ein Blauwal frisst 6 bis 8 Tonnen Krill und andere Kleinkrebse pro Tag. Ein Blauwalbaby trinkt täglich 100 Liter Milch.

TAUCHEN NACH FUTTER
Ein Finnwal atmet tief durch, bevor er sich steil nach unten dreht. Das Gehör und andere Sinne helfen ihm, einen Schwarm Zooplankton zu finden; er saugt ihn mit Wasser ein. Nach dem Filtern taucht der Wal wieder auf.

Wörterbuch

• **Furchenwale** – Blau-, Finn-, Sei-, Buckel-, Bryde- und Zwergwal – verdanken ihren Namen den Kehlfurchen, die es ihnen ermöglichen, ihre Nahrung auf besondere Weise zu fangen. Die Furchen sind dehnbar, so dass die Wale den Mundraum stark erweitern und riesige Mengen krillhaltiges Wasser schlucken können.
• **Krill** kommt aus dem Norwegischen und bedeutet „Fischbrut".

Schon gewusst?

Wenn ein Schwertwal in einer Gruppe jagt, nimmt er fast alles, was er findet, selbst einen Blauwal, der dreimal so groß ist wie er selbst. Jeder Schwertwal übernimmt bei der Jagd eine bestimmte Aufgabe. Einige jagen den Blauwal, andere hindern ihn daran zu tauchen und wieder andere werfen sich über sein Blasloch, damit er nicht atmen kann.

Wegweiser

• Wo Wale leben, hängt oft davon ab, was sie fressen. Lies mehr darüber auf S. 20–21.
• Wie jagen Wale in tiefen, dunklen und trüben Gewässern? Darüber kannst du dich auf S. 36–37 informieren.

BLASENNETZ
Ein Buckelwal schwimmt unter einem Fischschwarm in einer Spirale – und schafft dabei ein Netz aus Luftblasen, die er beim Ausatmen unter Wasser erzeugt. Die Fische werden so zusammengetrieben. Dann kommen auch die anderen Buckelwale und schwimmen mit weit geöffnetem Maul durch das Netz.

Nördlicher Glattwal: 11 km/h

Hinab in die Tiefe

SCHWIMMEN SIEHT bei Walen ganz leicht aus. Aber eine solche Körpermasse durch Wasser zu bewegen verbraucht enorm viel Energie. Wale fangen den Reibungswiderstand des Wassers ab, indem sie ihn in „laminare Strömung" verwandeln. Das ist die störungsfreie Strömung des den Walkörper umgebenden Wassers, das mit einer anderen Geschwindigkeit mitgerissen wird als das übrige Wasser. So gleiten Wale dank eines glatten Körpers, einer sehr flexiblen Haut und einer kräftigen Fluke zügig durchs Wasser. Am wichtigsten ist der Schwanz. Er wird auf- und abgeschlagen, erzeugt laminare Strömungen und treibt den Wal voran.

Alle Wale sind im Wasser anmutig, ob sie ruhen oder starten, sich drehen oder beschleunigen – selbst wenn sie auf dem Rücken schwimmen. Zum Steuern dienen die Flipper, und die Rückenfinne wirkt stabilisierend. Gewöhnlich kreuzen Wale gemächlich, um Energie zu sparen, aber wenn sie schneller werden müssen, krümmt sich der hintere Körper und der Schwanz schlägt kräftiger. Und wenn Wale nicht dicht an der Oberfläche sind, tauchen sie auf Nahrungssuche in tieferes Wasser. Je nach Walart bleiben sie zwischen zehn Sekunden und zwei Stunden unter Wasser. Sie können senkrecht oder auch schräg hinuntergleiten, schaffen dabei große Entfernungen und Tiefen, alles bei angehaltenem Atem und von den Auf- und Abbewegungen des Schwanzes angetrieben.

SENKRECHTSTART!
Pottwale und Schnabelwale sind die besten Tieftaucher aller Wale. Der Pottwal taucht senkrecht ab, meist bis in knapp 400 m Tiefe, aber die größten Männchen erreichen 3000 m. Er sucht in fast völliger Finsternis nach Tiefseebewohnern, wie Riesenkalmaren und Riesenkraken.

IM WINDSCHATTEN
Ein Kalb, das dicht bei seiner Mutter bleibt, ist immer gut dran. Wenn es neben ihr herschwimmt, kann es im „Windschatten" der Mutter deren laminare Strömungen nutzen und kommt schnell voran.

Mensch: 36,5 km/h

Seiwal: 38 km/h

Wörterbuch

- **Fluke** kommt von altnorwegisch *floke*, was „flach" heißt. Die Fluke ist die knochenlose Schwanzflosse eines Wals. Manche Wale und Delfine ‚winken' mit der Fluke, bevor sie abtauchen. Sie heben den Schwanz in die Höhe, um steil abtauchen zu können.
- Der **Sanduhr-Delfin** ist nach dem schwarzweißen Muster an den Seiten seines Körpers benannt, das an die Form einer Sanduhr erinnert.

Schon gewusst?

Die schnellsten Waltiere sind Dalls-Schweinswale. Sie können dicht unter der Oberfläche bis zu 55 km/h erreichen. Der Seiwal ist mit kurzen Sprints von 38 km/h der schnellste Großwal. Aber über weite Entfernungen ziehen große Wale gewöhnlich nicht schneller als mit einer Geschwindigkeit von 1 bis 8 km in der Stunde.

Wegweiser

- Manche Wale legen auf monatelangen Wanderungen große Entfernungen zurück. Lies mehr darüber auf S. 22–23.
- Wie können Wale, wie der Pottwal, so tief tauchen, ohne zu ertrinken? Das erfährst du auf S. 28–29.

SEI AKTIV!
Wie vergleicht man?

Deine normale Gehgeschwindigkeit beträgt vermutlich rund 5 km in der Stunde, was der schnellsten bekannten Geschwindigkeit eines wandernden Buckelwals entspricht. Schwimmend würdest du allerdings weit hinter dem Buckelwal zurückbleiben, aber was ist, wenn du rennst? Wenn du wissen willst, mit welchem Wal du dann Schritt halten könntest, lass von jemandem die Zeit stoppen, wenn du 100 m läufst. Nimm deine Zeit mit 10 mal; dann weißt du, wie lange du für 1 km bräuchtest. Teile nun 3600 durch diese Zeit, und du hast die Anzahl der Kilometer, die du in einer Stunde laufen würdest. Vergleiche deine Kilometer pro Stunde mit denen der Wale auf dieser Doppelseite.

DELFIN-ANTRIEB
Die Auf- und Abbewegungen des Hinterkörpers und der Fluke eines Sanduhr-Delfins drücken gegen das Wasser und treiben ihn vorwärts. Die Aufwärtsschläge sind genauso wichtig wie die Abwärtsschläge.

Luftakrobaten

STELL DIR EINEN 17 m langen Buckelwal vor, der plötzlich aus dem Wasser schnellt. Er dreht sich in der Luft um 180°, landet mit einem ohrenbetäubenden Klatscher auf dem Rücken und verschwindet aus deinen Augen. Dieses eindrucksvolle Springen wird von den meisten Walarten praktiziert. Die großen Wale kommen gewöhnlich zu zwei Dritteln aus dem Wasser und lassen sich auf den Bauch oder auf den Rücken zurückplatschen. Schweinswale und Delfine springen ganz heraus, und Spinnerdelfine, Dunkle Delfine und Streifendelfine vollführen beim Springen Drehungen, schlagen Saltos und drehen sich um die eigene Achse. Delfine und Schweinswale schwimmen mit niedrigen, gebogenen Sprüngen.

Niemand weiß genau, warum Wale springen, aber Wissenschaftler glauben, dass sie sich damit untereinander verständigen. Vielleicht ist das Springen eine Warnung an Eindringlinge, ein Notruf an Artgenossen, ein Ausdruck von Aufregung oder Freude oder einfach nur eine Art, sich bemerkbar zu machen. Es könnte auch für den Zusammenhalt der Gruppe eine Rolle spielen oder dem Versuch dienen, Hautparasiten loszuwerden.

Großwale schlagen auch mit der Fluke oder den Flippern auf das Wasser, um sich zu verständigen. Ein lauter Knall mit Fluke oder Flippern verrät Ärger und ist eine Warnung, sich fernzuhalten, aber auch eine Verteidigungsmaßnahme gegen angreifende Schwertwale. Sanfte Schläge mit den Flippern können bei paarungswilligen Walen eine Liebkosung bedeuten.

ALLE GEMEINSAM
Schwertwale leben, jagen und schlafen in eng zusammenhängenden Familiengruppen. Sie können sehr aktiv sein und haben Spaß am Spielen, wie hier beim gemeinsamen Springen.

HOCHFLIEGER DELFIN
Dunkle Delfine gehören zu den akrobatischsten aller Delfinarten. Ihr leichter Körper ermöglicht es ihnen, ungewöhnlich hohe Sprünge und Saltos zu vollführen. Beginnt ein Delfin der Gruppe zu springen, animiert das meist auch die anderen Tiere dazu.

Wörterbuch

Der Name **Buckelwal** bezieht sich auf die Tatsache, dass die kleine, hakenförmige Rückenfinne auf einer großen, fleischigen „Plattform" sitzt. Sein wissenschaftlicher Name, *Megaptera novaeangliae*, bedeutet „großflügeliger Neu-Engländer". Der Buckelwal besucht regelmäßig die Küste von Neu-England und hat bis zu 5 m lange Flipper, die wie Flügel aussehen.

Schon gewusst?

Der Streifendelfin springt oft bis zu 7 m hoch – dreimal so weit, wie er lang ist. Er kann sich auf der Schwanzspitze drehen und rückwärts Saltos schlagen. Ein 1,80 m großer Mensch, der dreimal so hoch springen wollte, wie er groß ist, müsste 5,50 m schaffen, doch dafür bräuchte er einen Sprungstab und müsste Anlauf nehmen.

Wegweiser

- Wale verstehen sich nicht nur auf eine clevere Kommunikation. Lies auf S. 40-41, wie sie noch auf andere Weise zeigen, wie intelligent sie sind.
- Wie Wale sich unter Wasser fortbewegen, erfährst du auf S. 32–33.

AUFS WASSER SCHLAGEN

Großwale benutzen Fluke, Flipper und Kopf, um sich Botschaften zu übermitteln. Eine Nachricht kann mehrere Bedeutungen haben. Wir verstehen zwar nicht, was sie sagen, wissen aber, wie sie es sagen.

SPÄHHÜPFEN
Ein Grauwal hebt den Kopf aus dem Wasser und sieht sich um. Vermutlich ist die Sicht hier besser.

FLIPPERSCHLAGEN
Buckelwale legen sich auf die Seite und schlagen mit ihren langen Flippern aufs Wasser, dass es nur so knallt.

ELEGANTER SPRINGER
Buckelwale bewegen sich zwar gemächlich, aber sie sind springfreudiger als alle anderen großen Wale. Sie können bis zu 100-mal hintereinander springen und kommen dabei fast ganz aus dem Wasser.

INSIDESTORY
Um die eigene Achse

Jeden Morgen treffen in der Kealake'akua Bay, Hawaii, große Schulen von Spinnerdelfinen ein, nachdem sie nachts auf See gefressen haben. Vormittags ruhen sie sich aus und schwimmen kreuz und quer durch die Bucht.

Dann beginnen sie zu springen. Bis zu 3 Meter hoch schleudern die Delfine ihren Körper beim Springen in die Luft und drehen sich in einem Sprung vier- bis fünfmal um ihre Körperlängsachse. Jeder Delfin hat seine eigene Sprungart, und alle Altersgruppen springen. Jeder Sprung beginnt mit einem lauten Bellen und endet mit einem lauten Flukenklatscher. Wissenschaftler glauben, dass die Delfine damit anderen Delfinen die Größe ihrer Schule mitteilen wollen. Die Drehungen und Sprünge können aber auch dem sozialen Zusammenhalt dienen – denn sie scheinen ansteckend zu wirken.

FLUKESCHLAGEN
Viele Wale schlagen mit der Fluke hart aufs Wasser. Dabei sind schon kleine Walfangboote zertrümmert worden.

Echolokation von Beute

Sinne im Einsatz

WALE HABEN DIE GLEICHEN SINNE wie Menschen. Das Sehen ermöglicht es ihnen, nahe Dinge zu erkennen und Beute zu fangen. Den Geschmackssinn setzen Wale ein, um sich zu orientieren und um andere Wale oder Beute zu finden – Delfine können eine Meerbarbe und eine Makrele am Geschmack unterscheiden. Der Geruchssinn ist unter Wasser eingeschränkt. Der Tastsinn wird für die Kommunikation und die Erkundung der Umgebung benutzt. Tast- und Hörsinn sind unter Wasser wichtiger als Sehen, Geschmack und Geruch.

Wale haben Sinne, die wir nicht haben, wie die Echolokation, den Magnetsinn und den Wasserdrucksinn. Echolokation ist ein System, mit dem Schall erzeugt und empfangen wird; es ist für Zahnwale lebenswichtig, wenn sie jagen, Artgenossen auffinden und sich orientieren. Ein echoortender Delfin sendet Klicklaute mit hoher Frequenz aus. Diese treffen auf ein Objekt und werden als Echo zum Delfin zurückgeworfen. Im Gehirn des Delfins formt sich aus den zurückkehrenden Signalen ein Hörbild, nach dem er bestimmen kann, was und wo das Objekt ist. Es ist so, als würden wir mit den Ohren sehen. Zahnwale können die Echolokation überall und jederzeit einsetzen. Bartenwalen fehlen die körperlichen Voraussetzungen dafür. Das gleichen sie vermutlich durch ihr erstklassiges Gehör aus.

SPIEGELGLATTE HAUT
Walhaut ist seidig weich und unglaublich empfindsam und darum ein Sinnesorgan, mit dem ein Wal seine Umwelt berühren und verstehen kann. Diese jungen Fleckendelfine lernen, wie sich Tang anfühlt.

AUGEN AUF!
Wasser ist 800-mal dichter als Luft, aber die meisten Wale können sich dennoch gut im Wasser orientieren, selbst wenn es dunkel und trübe ist. Nur die Delfine, die in schlammigen Flüssen leben, haben schlechte Augen.

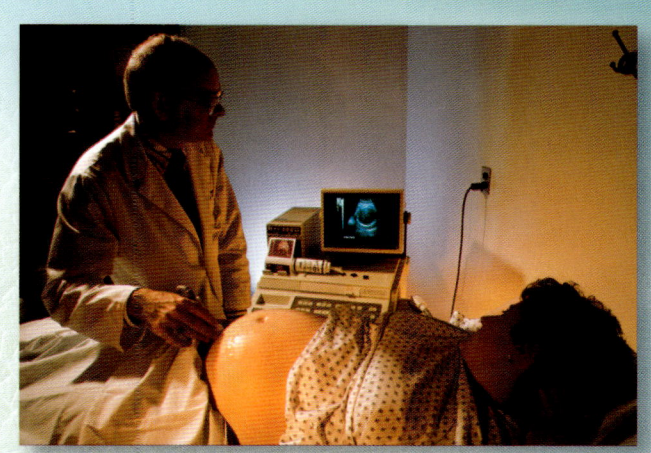

SCHALL UND BILD
Von einer Schwangeren wird eine Ultraschallaufnahme gemacht. Dazu werden Ultraschallwellen in ein Bild von dem Baby in ihrem Bauch umgewandelt. Der Mensch setzt Ultraschall ein wie Wale die Echolokation.

Wörterbuch

• *Echo* ist griechisch und *lokation* kommt von lateinisch *locare* für „orten". **Echolokation** ist die Fähigkeit, sich mit Hilfe von Schall zurechtzufinden.
• **Ultraschall** sind Schallwellen, die für das menschliche Ohr nicht mehr wahrnehmbar sind. *Ultra* ist lateinisch für „jenseits, über hinaus".

Schon gewusst?

Eine gute Rundumsicht ist zum Schutz vor Feinden unerlässlich. Zwergpottwale haben nach hinten verdrehbare Augen, Große Tümmler können jedes Auge in eine andere Richtung bewegen – geradeaus und nach rechts – und Pottwale legen sich auf den Rücken, damit sie sehen können, was über ihnen los ist.

Wegweiser

• Blättere zu S. 14–15, wenn du mehr über die Unterschiede zwischen Zahn- und Bartenwalen wissen willst.
• Wale senden Signale an Artgenossen und andere Meerestiere. Lies mehr darüber auf S. 34–35.

SINNVOLL

Es gibt Sinne, die nur Tiere haben. Echolokation ist einer dieser Sinne und der Magnetsinn – die Fähigkeit, Veränderungen im Magnetfeld der Erde wahrzunehmen – ein anderer.

INSIDESTORY

Schallstoß

Echolokation wird bei der Futtersuche eingesetzt, aber Zahnwale sind auch in der Lage, damit ihre Beutetiere zu lähmen oder sogar zu töten. Sie senden Stöße von hochfrequentem Schall aus. Mit den Schallstößen können sie das Gleichgewicht oder Sinnessystem ihrer Beute stören und sich dadurch den Fang erleichtern. Und wenn man bedenkt, dass Fische und Kalmare oft schneller als Zahnwale sind, brauchen Wale wohl eine solche Geheimwaffe, um nicht zu verhungern.

Große Tümmler stoßen hohe Laute aus, wenn sie in freier Wildbahn Meeräschen jagen, und Schwertwale tun das Gleiche bei Lachsen. Echoortende Narwale geben die lautesten je registrierten Klicklaute ab, und könnten damit ebenfalls jagen.

MIT EINER MELONE AUFSPÜREN

Belugas finden sich mit in Abständen ausgesandten Klicklauten in den eisbedeckten Meeren, in denen sie leben, zurecht. Sobald sie einen Fisch geortet haben und beginnen, auf das Ziel zuzuschwimmen, werden die Laute schneller und höher und enden in einem langen Quietschen.

FLEDERMAUS

Viele Fledermäuse leben in dunklen Höhlen und jagen nachts. Sie orientieren sich mit sehr hohen Schreien, deren Echos sie auffangen.

SCHILDKRÖTEN

Jedes Jahr kehren Suppenschildkröten auf die Insel Ascension im Südatlantik zurück, wo sie geboren wurden. Auf ihrem Weg über 2000 km quer durch den Ozean orientieren sie sich mit ihrem Magnetsinn.

FETTSCHWALM

Der Fettschwalm findet seine Nahrung und den Rückweg zu den Höhlen, wo er nistet, nachts durch Echolokation. Seine schnellen Klicklaute sind deutlich zu hören.

Zikaden singen   Grillen zirpen   Der Lachende Hans ruft

In Gesängen reden

SCHALL BREITET SICH in Wasser schneller und weiter aus als in Luft, und Wale nutzen das für sich. Dank ihres hervorragenden Gehörs können sie Laute aus großer Entfernung hören, bei Bartenwalen sind es bis zu mehrere Hundert Kilometer. Sie können auch feststellen, aus welcher Richtung die Laute kommen. Wissenschaftler sind sich aber nicht im Klaren, wie sie das tun. Sie glauben, dass Bartenwale vielleicht durch ihre wachsgefüllten Ohrlöcher hören – das Wachs könnte den Schall zum Innenohr leiten. Zahnwale hingegen hören vermutlich durch ihren Unterkiefer, der mit Fett ausgekleidet ist, das den Schall ins Innenohr übertragen könnte.

Wale nutzen ihr gutes Gehör auch, um sich durch Schall zu verständigen. Schweinswale und Pottwale erzeugen Klicklaute, mit denen sie sich „unterhalten" und durch Echolokation orientieren. Andere Walarten geben viele unterschiedliche Laute von sich. Belugas jaulen, quietschen, krächzen und pfeifen. Delfine klappern bei Gefahr mit den Kiefern und pfeifen viel, vor allem, wenn sie ärgerlich, ängstlich oder aufgeregt sind – und sie kreischen. Ein Großer Tümmler ist an seinem „persönlichen" Pfiff zu erkennen. Diese umfangreichen Lautäußerungen könnten dazu dienen, sich gegenseitig mit Auskünften über Beutetiere oder Feinde zu versehen.

Bartenwale geben eher tiefere Töne wie Klagen, Brummen, Rülpsen und Grunzen von sich, die sich zu ganzen Liedern zusammensetzen. Sie erzeugen die Laute vermutlich wie wir im Kehlkopf, während Zahnwale dazu die Luftwege, die Lippen und die Melone in ihrer Stirn nutzen.

DUNKLER DELFIN
Wale verständigen sich nicht immer mit Schall. Optische Signale wie das Springen werden von Dunklen Delfinen eingesetzt, wenn sie große Fischschwärme entdeckt haben. Damit signalisieren sie weiter entfernten Gruppen von Artgenossen, dass sie kommen und beim Zusammentreiben und Fressen der Fische helfen sollen.

INSIDESTORY
Wechselgesang der Buckelwale

Alle männlichen Buckelwale einer Population singen die gleiche Melodie, gewöhnlich, wenn sie auf Wanderung oder in ihren Fortpflanzungsgebieten sind. Im Lauf der Jahre verändert sich dieser Gesang nur wenig. Aber 1995 und 1996 hörten Michael Noad und sein Team vom australischen Meeressäugerzentrum, wie zwei Wale an der Ostküste Australiens einen ganz anderen „Song" für ihre Artgenossen in der Gegend sangen. Es war der gleiche wie der Gesang der Buckelwale an der australischen Westküste. 1997 sangen weitere Ostküsten-Wale das neue Lied, einige wählten sogar eine Kombination aus dem alten und dem neuen. 1998 beherrschte jeder Wal den neuen Gesang. Michael Noad glaubt, dass neue Gesänge der Partnersuche dienen: „Wenn da ein Männchen etwas Neues singt, hebt es sich aus der Masse der anderen hervor."

MUSIK AUS DER MELONE
Belugas lassen Luft durch ihre Nasensäckchen und Nasengänge einströmen, die dann durch ein Paar fettgefüllte „Lippen" wieder ausströmt. Diese werden in Schwingung versetzt und erzeugen Laute, die von der ölgefüllten Melone nach außen geleitet werden.

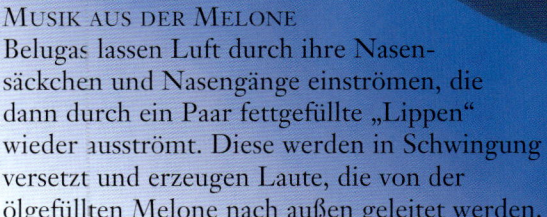

Melone   „Lippen"   Luftsäckchen und Nasengänge

Öl

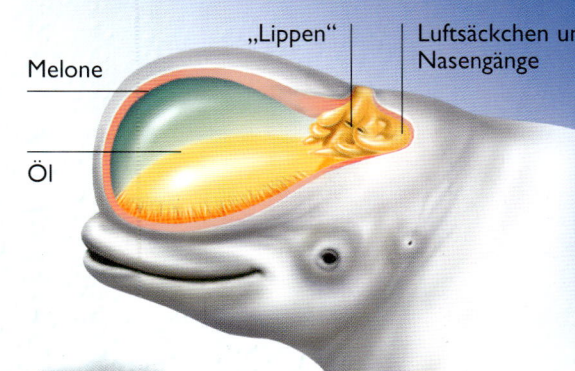

Tüpfelhyänen lachen

Wörterbuch

• *Hydor* ist das griechische Wort für „Wasser" und *phone* ist griechisch für „Laut, Ton". Ein **Hydrophon** ist ein Unterwassermikrophon.
• **Sonogramm** ist aus lateinisch *sonor*, was „Klang, Ton" bedeutet, und griechisch *gramma*, was „Geschriebenes, Schrift" heißt, zusammengesetzt. Ein Sonogramm ist also „geschriebener Ton" oder Schallaufzeichnung.

Schon gewusst?

Blauwale sind die lautesten Tiere auf Erden. Ihre Rufe können unter Wasser 100 km und sogar 1000 km entfernt noch gehört werden und können bis zu 188 Dezibel erreichen. Der Schrei eines Menschen erreicht gerade mal die 70-Dezibelgrenze. Geräusche über 120–130 Dezibel sind für das menschliche Ohr schädlich.

Wegweiser

• Wenn du wissen willst, wie Wale sonst noch miteinander kommunizieren, blättere zu S. 34–35.
• Wale nutzen alle Sinne, die auch wir Menschen haben, aber sie haben noch weitere Sinne. Lies darüber auf S. 36–37.

SONOGRAMME UND SCHALL

Diese Sonogramme sind Abbilder der Schallwellen von verschiedenen singenden Tieren. Sie zeigen, ob die Töne hoch oder niedrig sind, ob sie hoch- oder niedrigfrequent sind und wie lang ihre Dauer ist.

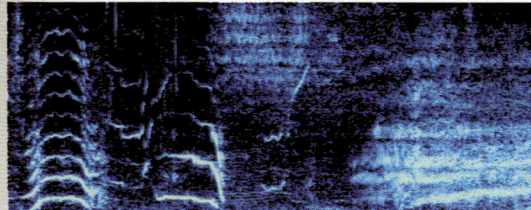

Ein Neun-Sekunden-Abschnitt eines Buckelwalgesangs enthält Geräusche, die ein wenig wie das Schnurren einer Katze und das Trompeten eines Elefanten klingen.

BUCKELWALGESANG

Männliche Buckelwale sind für ihre komplexen Lieder berühmt. Unter Wasser kann man sie nach bestimmten Tonfolgen (wie Verse) brummen, grunzen, zirpen, pfeifen und jammern hören. Das dauert sieben bis 15 Minuten. Dann beginnen sie wieder von vorn.

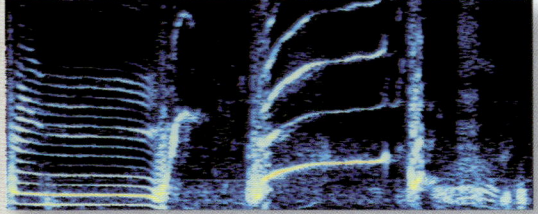

Dieser Gesang eines Schwertwals dauert 3 Sekunden und besteht aus drei Lauten – ein kurzes Klagen, ein kurzes Quieken, dann ein längeres Klagen.

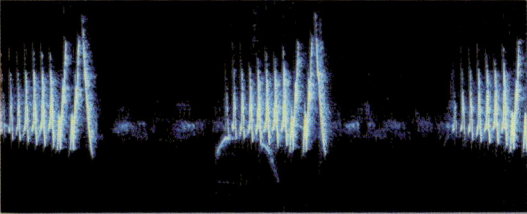

Eine Grasmücke pfeift wiederholt zwei hohe Töne, sehr schnell hintereinander, dann einen langsameren Schlusston.

WALEN LAUSCHEN

Wissenschaftler fangen die Töne von Walen mit Hilfe eines Hydrophons (eines Unterwassermikrophons) auf. Manche Laute von Walen sind zu hoch oder zu niedrig, um für unser Ohr ohne Hilfe eines Geräts hörbar zu sein, dafür aber kann man die Klicklaute von Walen bei der Echolokation spüren, wenn man in ihrer Nähe schwimmt.

Dies ist die Stimme einer Frau, die einen Ton singt und ihn etwa vier Sekunden lang hält.

Frösche quaken

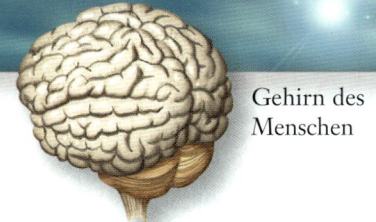
Gehirn des Menschen

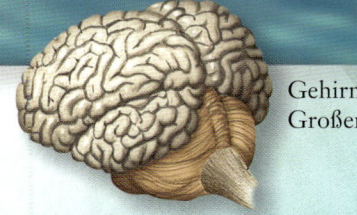
Gehirn des Großen Tümmlers

Clevere Wale

WALE WERDEN oft als „intelligent" beschrieben. Aber es ist sehr schwierig, Intelligenz zu messen – selbst bei Menschen. Beim Menschen heißt Intelligenz die Fähigkeit zu denken, Aufgaben zu lösen, aus Erfahrung zu lernen sowie Wissen weiterzugeben und sich neuen Situationen anzupassen.

Viele Wale lernen schnell. Delfine meistern in Gefangenschaft komplizierte Übungen, und Große Tümmler verstehen unsere Sprache soweit, dass sie den Unterschied zwischen „Bring die Frisbee zum Surfboard" und „Bring das Surfboard zur Frisbee" verstehen. Schwertwal-Mütter zeigen ihrem Nachwuchs den Robbenfang, wozu auch gehört, wie man sich auf den Strand wirft und dann wieder freikommt.

Große Tümmler, Rauzahndelfine und Schwertwale scheinen intelligenter als andere Zahnwale zu sein. Zahnwale wiederum sind weiter als Bartenwale, die im Verhältnis zu ihrer Körpergröße kleinere Gehirne haben. Aber es ist für uns schwer zu wissen, wie intelligent Wale sind; inwieweit ihr Verhalten erlernt und überlegt ist (und daher ein Zeichen von Intelligenz) und inwieweit es vom Instinkt bestimmt ist. Wir wissen so wenig über sie und darüber, wie sie ihre Welt erleben – vielleicht ist ihre Intelligenz ganz anders als unsere.

PROBLEME LÖSEN
Die Fähigkeit, Probleme zu lösen, wird als Intelligenz bezeichnet. Ein weiteres Zeichen für Intelligenz könnte die Größe und Komplexität des Gehirns sein. Wale haben für ihre Größe ein großes Gehirn mit einer ebenso komplexen Struktur wie das der Menschen.

INSIDESTORY
Percy aus Cornwall

Percy war ein Großer Tümmler, der vor der Küste von Cornwall, England, lebte. Er kannte die Einheimischen und begleitete oft Fischerboote, die zu den Hummerreusen hinausfuhren. Er schien zu wissen, welche Reusen zu welchem Boot gehörten. Er spielte auch mit den Reusen und verwickelte ihre Leinen. Einmal brachte er sie so durcheinander, dass der Fischer einen Taucher zu Hilfe holen musste. Der Taucher und Percy waren Freunde, und Percy zeigte dem Taucher, wie er die Leinen entwirren konnte, in dem er mit der Schnauze in der umgekehrten Reihenfolge gegen die Leinen stieß, in der er sie verwickelt hatte. Der Taucher brauchte keine einzige Leine durchzuschneiden.

ANDERE CLEVERE TIERE
Nach dem Menschen sind wahrschein-lich Schimpansen und Bonobos die klügsten Tiere. Sie sind sprachbegabt, können Probleme lösen und Werk-zeuge benutzen. Viele andere Tiere beherrschen komplizierte Tricks.

SCHIMPANSE
Manche Schimpansen holen sich mit Stöcken Termiten aus ihren Bauten. Andere machen aus Holz oder Steinen Hammer und Amboss zum Nüsseknacken.

PFERD
Pferde entwickeln eine starke Bindung an den Reiter und lernen auf Körpersprache, Befehle mit der Stimme und Handsignale zu reagieren.

Wörterbuch

• **Instinktives** Verhalten oder angeborenes Verhalten wird von Tier zu Tier über die Gene vererbt, so dass ein Tier bestimmte Dinge automatisch tut. Zum Beispiel weiß ein Walbaby instinktiv, dass es den Kopf über Wasser halten muss, bevor es sein Blasloch zum Atmen öffnet.
• **Erlerntes** Verhalten wird durch Nachahmung und Anpassung erworben.

Schon gewusst?

• Delfine lösen das Problem, wie sie einen unter Steinen verborgenen Aal herausholen können, indem sie mit giftigen Fischgräten nach ihm stochern.
• Pottwale können sich vor einem Walfangboot hinter Fischschwärmen so verstecken, dass sie vom Suchsystem des Bootes nicht entdeckt werden.

Wegweiser

• Wusstest du, dass Buckelwale Beutefische hinter einem Vorhang aus Luftblasen zusammentreiben? Lies darüber nach auf S. 30–31.
• Über in Gefangenschaft lebende Delfine erfährst du mehr auf S. 58–59.

SPIEGELBILDER
Ein Zeichen für Intelligenz ist die Fähigkeit, sein Abbild in einem Spiegel zu erkennen. Lange Zeit glaubten Wissenschaftler, dass nur Menschen und die großen Menschenaffen dazu in der Lage seien. Aber Große Tümmler im Sea Life Park von Hawaii sehen sich im Spiegel neue Markierungen auf ihrer Haut an.

BRIEFTAUBE
Brieftauben haben ein kleines Gehirn. Dennoch fliegen sie sicher über lange Strecken und finden ihren Heimatschlag immer wieder.

ROBBE
Robben erlernen Kunststücke durch Belohnung und Wiederholung, wie Delfine. Auch verstehen und verwenden einige Robben Sprache wie Delfine.

HUND
Hunde können nicht nur Stöckchen bringen, sondern beherrschen auch schwierige Aufgaben als Such- oder Führhunde.

41

HINAUS INS LEBEN
Nach 15 bis 17 Monaten Trächtigkeit wird ein Pottwalbaby geboren. Ein männlicher Pottwal verlässt seine Mutter nach 6 bis 10 Jahren in der „Kinderstube" und geht mit einer „Junggesellen-Schule" auf Wanderung.

Neugeborenes Kalb

6 bis 10 Jahre altes Kalb

Der Beginn des Lebens

WENN FÜR WALE die Paarungszeit gekommen ist, versuchen die Männchen mit allen Mitteln, einem Weibchen zu imponieren. Buckelwale singen und übertreffen sich gegenseitig in Paarungsritualen. Glattwale streicheln das Weibchen mit den Flippern und schwimmen dicht an ihm vorbei, Delfine schubsen und beißen und sind oft recht rabiat. Männliche Pottwale, Narwale und Schnabelwale kämpfen miteinander, wovon ihre Narben zeugen.

Wale bleiben nicht lebenslang zusammen, sie haben viele verschiedene Partner. Wie alle Säugetiere entwickelt sich ein Wal im Mutterleib. Die Trächtigkeit dauert 9 bis 12 Monate bei Schweinswalen und Delfinen, 11 bis 12 bei den meisten Großwalen und 16 bis 18 bei größeren Zahnwalen. Nach der Geburt schubst die Mutter das Neugeborene zum ersten Blas nach oben. Dann beginnt es, ihre Milch zu trinken. Das Walkalb schwimmt neben seiner Mutter her und gibt Laute von sich. Die Mutter versorgt ihr Kalb meist sehr umsichtig, vor allem, solange es noch gesäugt wird – vier bis 11 Monate bei einem Bartenwal und ein, zwei oder sogar vier Jahre bei einem Zahnwal. Weibchen gebären meist nur ein Junges auf einmal, und viele Arten warten mindestens zwei Jahre – Große Tümmler sogar fünf –, bevor eine neue Trächtigkeit beginnt.

MÄNNCHEN KONTRA WEIBCHEN
Die männlichen und die weiblichen Fortpflanzungsorgane eines Delfins ähneln denen anderer Säugetiere. Bei Delfinen sind die Geschlechter schwer auseinanderzuhalten. Der Penis des Männchens befindet sich im Körper, damit dieser stromlinienförmig bleibt.

Eileiter

Gebärmutter

Geschlechtsöffnung

18 bis 19 Jahre alt

Wörterbuch

• **Trächtigkeit** nennt man die Schwangerschaft bei Tieren, die Zeit, in der das Junge in der Gebärmutter des Weibchens vom befruchteten Ei bis zur Geburt heranwächst.
• Bei Walen benutzt man für die Lebensabschnitte die gleichen Bezeichnungen wie bei Rindern und anderen Huftieren. Ein Baby heißt Kalb, ein geschlechtsreifes Weibchen Kuh und ein Männchen Bulle.

Schon gewusst?

Walbabys können trotzig sein. Forscher haben gesehen, wie Kälber ihre Mütter wissen lassen, was sie davon halten, dass ihre Mütter sich einfach auf die Seite rollen, damit sie nicht mehr saugen können. Sie schlugen mit der Fluke nach unten und stießen mit dem Kopf nach ihrer Mutter. Manchmal hielt die Kuh ihr Kalb mit ihren Flippern fest, bis es sich wieder beruhigt hatte.

Wegweiser

• Für Wale ist die Aufzucht der Kälber gewöhnlich instinktiv. Informiere dich über Instinktverhalten auf S. 40–41.
• Starke Bindungen sind sehr wichtig für das Überleben der jungen Walkälber. Lies mehr über das Familien- und Gruppenleben der Wale auf S. 44–45.

INSIDESTORY
Wachstumsringe

Um festzustellen, wie alt ein Zahnwal ist, untersuchen Wissenschaftler einen Längsschnitt durch einen Zahn. Walzähne wachsen in Schichten – eine Schicht pro Jahr. Bartenwale haben keine Zähne, darum nimmt man einen Querschnitt durch ihre wachsartigen Ohrpropfen. Wie Walzähne wächst auch der Pfropfen in jährlichen Schichten (aus Wachs und abgeschilferter Haut).

Diese Methoden sind nicht genau und nur anwendbar, wenn Wale tot sind. Da inzwischen viele Wale anhand von Fotos an ihren Markierungen identifizierbar sind, beschreiten Wissenschaftler heute neue Wege. Sie identifizieren einen Wal und verfolgen ihn sein Leben lang, um sein genaues Alter zu kennen. Danach scheinen kleine Schweinswale 12 bis 15 Jahre zu leben, Große Tümmler 50 und Blauwale 70 – manche Großwale schaffen sogar 100 Jahre.

LIEBESSPIELE
Männliche Buckelwale locken ein Weibchen nicht nur mit Gesang an. Sie wälzen sich im Wasser, schlagen mit den Flippern oder mit der Fluke auf das Wasser oder machen einen „Schwanzstand". Manche Männchen schubsen ihre Konkurrenten auch zur Seite, um dem Weibchen möglichst nahe zu kommen.

FREUDIGES EREIGNIS
Ein Irawadi-Delfinkalb wird mit der Schwanzflosse voran unter Wasser geboren. Die Mutter stößt es vorsichtig an die Oberfläche, damit es seinen ersten Atemzug tun kann. Andere Delfine, „Tanten" genannt, helfen ihr. Sie schwimmen um sie herum, beschützen das Neugeborene und halten es manchmal sogar eine Weile zwischen ihren Körpern.

27 Jahre alt

AUF SICH GESTELLT
Ein männlicher Pottwal wird mit 18 oder 19 Jahren geschlechtsreif. Im Alter von etwa 27 Jahren folgt die soziale Reife. Dann ist der Wal ausgewachsen und zieht allein zu den Kinderstuben, um sich zu paaren.

Körperkontakt: Mit den
Schnäbeln berühren

Körperkontakt: Mit den
Flippern berühren

Familie und Freunde

MANCHE WALE, wie Zwergwale und Flussdelfine, sind Einzelgänger. Aber viele Wale sind soziale Tiere, die in Gruppen leben. So finden sie Schutz vor Feinden und haben es leichter bei der Partnersuche sowie der Geburt und Aufzucht der Jungen. Gruppen sind auch wichtig bei der Futtersuche; die Menge der verfügbaren Nahrung bestimmt die Größe der Gruppe.

Bartenwalgruppen haben zwei bis zehn Mitglieder. Sie ernähren sich von Krill und Kleinfischen. Mütter verlassen ihre Kälber, wenn sie ein Jahr alt sind. Vielleicht ist das der Grund dafür, warum Großwale häufig die Gruppe wechseln.

Zahnwale bilden größere Gruppen. Küstennah lebende Delfine jagen in Gruppen von sechs bis 20 Tieren in Buchten und an Stränden Fische, während Hochsee-Delfine oder Pilotwale in sehr großen Gruppen von Hunderten, ja sogar Tausenden, auf die Suche nach riesigen Fischschwärmen gehen. Zahnwalgruppen haben außerdem einen engeren Zusammenhalt, wobei die Weibchen im Mittelpunkt stehen. Die meisten Kälber werden ein bis vier Jahre lang gesäugt und bleiben bis zur Pubertät bei ihrer Mutter. Dann müssen sich die Männchen anderen Gruppen anschließen. Die kräftigsten Tiere (meist erwachsene Männchen) setzen Laute, Körpersprache und Zähne ein, damit sie die beste Partnerin und das beste Futter bekommen.

ENGE FAMILIENBANDE
Kurzflossen-Grindwalkälber hängen an ihrer Mutter. Sie werden zwei bis sechs Jahre lang gesäugt, wenn die Mutter älter als 20 Jahre ist, sogar bis zu 15 Jahre. Sie bleiben lebenslang in der gleichen Gruppe.

ALTE UND NEUE FREUNDE
In Küstennähe lebende Fleckendelfine bilden kleine Schulen mit bis zu 15 Tieren. Delfine schließen sich der Gruppe an, verlassen sie, kommen dann wieder, und es bestehen langfristige Beziehungen. Hochsee-Fleckendelfine leben in Schulen zu Hunderten, ja Tausenden, zu denen sich manchmal auch Große Tümmler gesellen.

MUTTER UND KALB
Tinkerbell (das wichtigste Weibchen) und Tangles, Mutter und Kalb, haben die gleichen Markierungen wie ihre Mutter und Großmutter, Beauty, die vor Jahren starb.

Wörterbuch

- Eine **Schule** ist eine große Gruppe von Meerestieren. Man spricht von einer „Schule" von Delfinen oder anderen Walen. Manchmal wird eine Gruppe von Walen auch als **Herde** bezeichnet, wie bei Rindern und Antilopen.
- **Pubertät** ist die Entwicklungsphase zwischen Kindheit und Erwachsensein.

Schon gewusst?

Viele Zahnwale sind für ihr fürsorgliches Verhalten gegenüber Gruppenmitgliedern bekannt. Manchmal setzen sie ihr Leben für einen nahen Verwandten ein. Pottwale bleiben zum Beispiel bei harpunierten Artgenossen und versuchen, sie zu verteidigen und die Harpunenleine zu zerreißen. Dieses Verhalten könnte der Grund für Massenstrandungen bestimmter Arten sein.

Wegweiser

- Wale ziehen in Gruppen oder allein. Lies mehr darüber auf S. 22–23.
- Wale verständigen sich auf vielfältige Weise in der Gruppe und mit anderen Tieren. Aber wusstest du, dass Wale miteinander singen? Darüber steht mehr auf S. 38–39.

DIE FAMILIE DES MENSCHEN
Eine soziale Gruppe des Menschen ist die Großfamilie, zu der Eltern, Tanten und Onkel, Vettern und Kusinen, Großeltern und Urgroßeltern gehören. Wale leben nicht in solchen sozialen Gruppen – alle Männchen, mit Ausnahme von Schwertwalen und Grindwalen, verlassen die Familie in der Pubertät.

INSIDESTORY
Die Schwammträger

In einer Gruppe von über 60 Großen Tümmlern in der Shark Bay, Australien, gibt es ein paar Weibchen, die etwas Ungewöhnliches tun: Sie tragen Schwämme auf ihrer Schnauze. Halfluke, Spongemom, Bitfluke und Gumby nehmen alle einen Schwamm auf ihr Rostrum, wenn sie tauchen. Wahrscheinlich benutzen sie den Schwamm, um auf dem Sandboden nach Nahrung zu suchen. Vielleicht hilft er ihnen beim Einschlürfen von Fischen.

Sechzehn Jahre, nachdem Halfluke erstmals mit einem Schwamm gesehen wurde, waren die Schwammträger immer noch da, und Halflukes Tochter trägt nun auch einen Schwamm. Ein paar andere benutzen gelegentlich Schwämme, doch diese fünf Delfine tun es immer. Sie haben wenig mit den anderen Delfinen im Sinn, und niemand weiß, warum.

TANGALOOMA-DELFINE
Jeden Abend besucht eine Gruppe von Großen Tümmlern Tangalooma an der Küste Australiens. Die Delfingruppe ist sehr treu und kommt seit Jahren hierher. An ihren Markierungen und ihrem Verhalten kann man sie als zur selben Familie gehörend erkennen. Manchmal bringen sie einen anderen Delfin mit, so wie auch Menschen Freunde zu Familienfesten mitbringen.

FAMILIENÄHNLICHKEIT
Shadow, Tinkerbells Schwester, hat dieselben körperlichen Merkmale wie ihre Mutter, ihre Schwester und das Kalb ihrer Schwester. Wie beim Menschen werden diese Merkmale von den Eltern an die Kinder vererbt.

Propeller Hai Marlin

Gefahr im Wasser

DIE GRÖSSTE GEFAHR droht dem Wal von Meeresräubern wie großen Haien und Schwertwalen. Nicht einmal die riesigen Blau- und Glattwale sind vor einem Trupp jagender Schwertwale sicher. Auch ihre nahen Verwandten, der Kleine Schwertwal und der Zwerggrindwal, greifen manchmal an. Und Eisbären lauern Belugas auf. Zur Verteidigung tun sich viele Wale zusammen. (Gelegentlich fallen Tausende von Spinner- und Fleckendelfinen über Haie her.) Manche Wale schwimmen weg oder tauchen ab, andere bleiben und kämpfen. Sie schlagen mit den Schwänzen, machen Scheinattacken, blasen und drohen dem Feind mit Flukenschlagen und Springen. Viele Zahnwale verteidigen die Jungen, Kranken oder Verwundeten.

Noch andere, kleinere Gefahren warten im Wasser. Äußere Parasiten, wie Walläuse und Seepocken, mästen sich an der Haut und an Wunden großer Wale, scheinen ihnen aber nicht zu schaden. Massen von inneren Parasiten können einen Wal schwächen und sogar töten.

Die größte Gefahr allerdings kommt vom Menschen. Wale sterben als Beifang in Netzen, und ihre Lebensräume an Küsten und in Flüssen werden zerstört. Die Ozeane sind voller Geräusche und verschmutzt von Schadstoffen und Industrieabfällen. Die Verschmutzung der Weltmeere könnte für die Wale am gefährlichsten werden.

EISBÄREN
Wenn Belugas in flachem Wasser stranden, verhalten sie sich ganz ruhig und bewegungslos, damit sie nicht von Eisbären entdeckt werden. Denn wenn ein Eisbär einen Beluga findet, beißt er in sein Blasloch und macht ihn damit kampfunfähig. Dann beginnt er, die Haut und den Blubber des Belugas zu fressen.

FLUKENKRANZ IM MEER
Pottwale sind langsame Schwimmer und verteidigen sich bei einem Schwertwalangriff gemeinsam. Die Erwachsenen bilden einen Kreis um Kälber und Kranke. Dann schlagen sie mit nach außen weisenden Fluken wütend aufs Wasser.

Wörterbuch

• Ein **Parasit** lebt auf einer Pflanze oder einem Tier und findet hier seine Nahrung. Das griechische Wort *parasitos* bedeutet „einer, der am Tisch eines anderen isst". Ein Parasit tötet nicht absichtlich.
• **Beifang** heißt, dass Wale und Delfine zufällig in Netze geraten, die für Fische gestellt wurden, und nicht gezielt gejagt werden.

Schon gewusst?

1979 berichtete der Autor P. F. Major von aufgeregten Buckelwalen vor der Küste von Hawaii. Als einer von ihnen zu springen begann, sah er zwei Marline an seinen Flanken hängen. Bei einer Drehung fiel einer der Marline ab. Marline habe keine Zähne, darum ist es unwahrscheinlich, dass sie den Wal angegriffen haben – vermutlich war es ein Versehen.

Wegweiser

• Wale bilden nicht nur zur Verteidigung Gruppen. Welche Gruppen sie sonst noch bilden, steht auf S. 44–45.
• Viele Menschen setzen sich für die Rettung und den Schutz der Wale ein. Wenn du mehr darüber wissen willst, lies auf S. 54–55 weiter.

ABLENKUNGSMANÖVER
Der Zwergpottwal ruht die meiste Zeit dicht unter der Wasseroberfläche. Wenn er aber aufgeschreckt wird, lässt er eine dicke Wolke mit einer rötlich-braunen Flüssigkeit aus seinem Darm fließen. Dies könnte dazu dienen, ihn zu tarnen oder einen Feind abzulenken, während er abtaucht.

ANDERE WAL-FALLEN
Menschliche Aktivitäten sind eine große Bedrohung für Wale.

LÄRMBELASTUNG
Die Zunahme der von Ölplattformen verursachten Geräusche macht es für Wale immer schwieriger, ihren Hörsinn für die Verständigung, die Beutesuche und die Wahrnehmung von Feinden einzusetzen.

BOOTE
Boote tragen zur Lärmbelastung im Wasser bei. Containerschiffe rammen große Wale. Schnellbootpropeller verwunden Wale und schneiden in Blubber und Flossen.

INSIDESTORY
Wegbegleiter

Ein wandernder Wal wird von vielen kleineren Geschöpfen begleitet – einige sind schädlich, andere harmlos oder sogar nützlich. Und je langsamer der Wal, desto mehr Mitreisende gibt es. Kleine Keksausstecherhaie saugen sich beispielsweise an der Haut von Walen fest. Ihre messerscharfen Zähne verursachen einen tiefen Biss, und wenn sie sich um 360 Grad drehen, schneiden sie ein kreisrundes Stück aus, eben wie ein Keksausstecher. Schiffshalter dagegen tun dem Wal nichts, wenn sie sich an ihn hängen, um besser voranzukommen. Seepocken setzen sich auf langsamen Walen fest, dann befallen Walläuse Seepocken und Walhaut (Foto). Möglicherweise leisten die Läuse Putzerdienste.

VERSCHMUTZUNG
Wale verschlucken manchmal Plastiktüten und müssen verhungern. Und Umweltgifte sammeln sich in ihrem Körper an und vergiften sie.

Fischereiboot

Wale und Menschen

WALE HABEN SCHON immer die Fantasie der Menschen beflügelt, vielleicht weil sie Säugetiere sind wie wir. Doch unsere Beziehung zu Walen ist wechselvoll. In der Antike waren sie bei Seeleuten gefürchtet. Später sind sie gejagt worden, bisweilen bis an den Rand der Ausrottung. Doch die bessere Kenntnis dieser faszinierenden Tiere hat zu einer veränderten Einstellung geführt. Wie du gleich erfahren wirst, sind viele Wale heute geschützt, und du kannst sie in ihrer natürlichen Umgebung beobachten.

Seite **50** Wusstest du, dass man Wale früher für furchterregende Seeungeheuer hielt?

Lies nach bei FABELWESEN.

Seite **52** Woraus wurde dieses Korsett gefertigt?

Lies nach bei WAL! DA BLÄST ER!

Seite **54** Oft geraten Delfine in Treibnetze für Tunfische. Was kannst du tun, um walfreundliche Fischfangmethoden zu fördern?

Lies nach bei
WALE SCHÜTZEN.

Seite **56** Manche gestrandete Wale sind zu krank, um gleich ins tiefe Wasser zurückzukehren. Was geschieht mit ihnen?

Lies nach bei STRANDUNGEN.

Seite **58** Delfin-Vorführungen sind beliebte Attraktionen in Aquarien, aber sind Wale für die Gefangenschaft geeignet?

Lies nach bei
WALE ALS ZOOTIERE.

Seite **60** Wolltest du schon einmal einem wilden Wal nahekommen?

Lies nach bei
WALE SICHTEN.

Tiefseeungeheuer Monster mit Stoßzähnen

Fabelwesen

FRÜHER GLAUBTEN die Menschen, die Welt sei eine Scheibe, und wenn man zu weit segelte, würde man über ihren Rand fallen. Angesichts der Ausmaße und Kräfte der großen Wale ist es verständlich, dass man sie für bösartige, wilde Meeresungeheuer hielt. Auf Reliefs und Wandmalereien, in Mythen, Liedern und Legenden vieler Kulturen sind Wale als mit Stoß- oder Reißzähnen bewehrte, menschenfressende Schlangen dargestellt. In der Bibel steht die Geschichte von Jonas, der von einem Wal verschlungen wurde, weil er Gott nicht gehorchte. Gott befahl dem Wal, ihn nach drei Tagen wieder auszuspeien. Die Chinesen glaubten an ein riesiges Geschöpf mit dem Körper eines Wals und den Händen und Füßen eines Menschen als Herrscher des Meeres. Isländer fürchteten rotköpfige Wale, die Schiffe zerschmetterten und Seeleute fraßen. Aber Völker, deren Existenz von Walen abhing, hatten eine andere Einstellung. Für die Inuit zum Beispiel sind Wale die Kinder der Meeresgöttin Sedna.

Delfine dagegen sind immer mit Sympathie betrachtet worden. Es gibt viele Geschichten von Delfinen als Retter in Seenot. Für die alten Griechen war das Töten eines Delfins so verwerflich wie das eines Menschen, weil sie glaubten, dass Delfine über Bord gegangene Seeleute wären. Manche Kulturen sprechen Delfinen Heilkräfte zu, und Indianer, Polynesier und die Ureinwohner Australiens sehen in ihnen Boten der Götter.

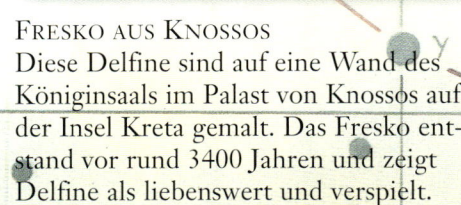

FRESKO AUS KNOSSOS
Diese Delfine sind auf eine Wand des Königinsaals im Palast von Knossos auf der Insel Kreta gemalt. Das Fresko entstand vor rund 3400 Jahren und zeigt Delfine als liebenswert und verspielt.

NAZCA-KERAMIK
Das Volk der Nazca lebte zwischen 300 und 800 n. Chr. an der Küste Südamerikas. Die Nazca kannten vermutlich Delfine aus dem nahen Pazifik, und ein Nazca-Töpfer hat einen Delfin auf ein Gefäß für Flüssigkeiten gemalt.

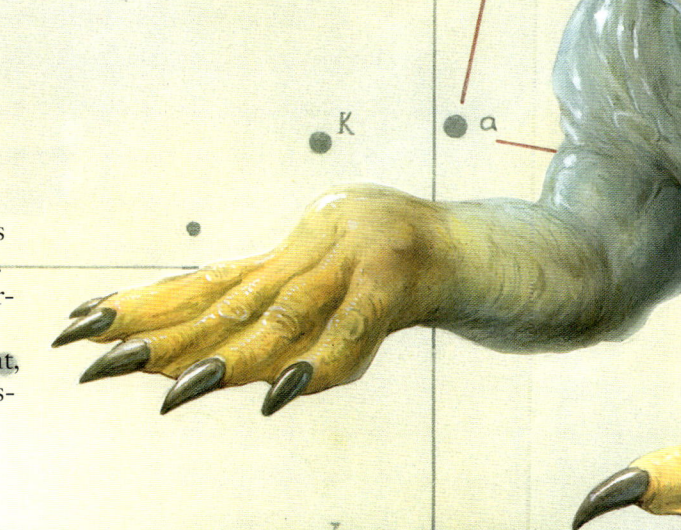

MONSTER AM HIMMEL
Walfisch ist der Name eines Sternbilds, das die Umrisse eines Wals oder Seeungeheuers bildet. Das Sternbild ist nach dem feuerspeienden Ungeheuer in der griechischen Mythologie benannt, das der Meeresgott Poseidon aussandte, um das Land des Königs Kepheus zu zerstören.

Wörterbuch

Mythos ist das griechische Wort für „Rede, Erzählung, Fabel oder Legende". Ein Mythos ist eine alte Geschichte, die über Jahrhunderte ausgeschmückt und weitererzählt wurde und versuchte, Geschehnisse in der Natur zu erklären.

Schon gewusst?

Der Heilige Brendan war ein irischer Mönch, der 565 n. Chr. „zum gelobten Land der Heiligen" aufbrach. Auf seiner Reise landeten er und seine Gefährten auf einer Insel ohne Felsen und Sträucher. In Wirklichkeit war es ein riesiger Wal, der im Wasser ruhte – das merkten sie aber erst, als sie ein Feuer anzündeten und der Wal zu tauchen begann. Der Wal wurde zur Brendan-Insel, die aber nie jemand fand.

Wegweiser

- Wer mehr über Wale mit seltsamen Aussehen und Verhalten erfahren will, kann auf S. 18–19 weiterlesen.
- Wale wurden gefürchtet, verehrt und gejagt. Blättere zu S. 52–53, wenn du wissen willst, wie der Mensch einige Arten nahezu ausgerottet hat.

INSIDESTORY
Die Legende von Simo

Als der Delfin Simo einen Jungen vor dem Ertrinken rettete, freundeten sich beide an. Sie schwammen und spielten im Meer in der Nähe des kleinen Küstenortes in Nordafrika, wo der Junge lebte, und Simo ließ ihn oft auf seinem Rücken reiten. Bald hörten die Dorfbewohner davon und kamen zum Strand, um zuzuschauen. Als sich die Geschichte herumsprach, kamen auch Leute aus der Umgebung. Rasch war das Dorf überfüllt, es gab kaum noch etwas zu essen, und Streit war an der Tagesordnung. Da beschlossen die Dorfältesten, dem Treiben ein Ende zu setzen, und ließen Simo töten.

Diese Legende wurde 109 n. Chr. aufgeschrieben.

MYTHISCHE MONSTER

Seeleute haben schon immer von geheimnisvollen Geschöpfen zu erzählen gewusst, um die fremdartigen und beängstigenden Dinge erklären zu können, die sie auf See erlebten.

EINHORN
Einhörner gehören ins Reich der Sage. Im Mittelalter hielt man den Narwalzahn für das Horn des Einhorns und sprach ihm magische Kräfte zu.

FELSBILD DER MAKAH
Dieses 300 Jahre alte Felsbild im US-Staat Washington zeigt einen Schwertwal. Es wurde von den Makah hergestellt. Sie gehörten zu den Ureinwohnern Nordamerikas, die von der Jagd auf Wale lebten.

MEERJUNGFRAU
Viele Legenden handeln von Meerjungfrauen, halb Frau, halb Fisch, die mit ihrem Gesang Seeleute ins Verderben locken. Dugongs könnten solchen Sagen zugrunde liegen.

SEEUNGEHEUER
Früher glaubte man, die Meere seien voller Ungeheuer und Schlangen. Vielleicht waren es in Wirklichkeit große Wale oder Riesenhaie.

Feuerrote Meeresbestie

Wal! Da bläst er!

DER WALFANG – die Jagd auf viele Wale – begann vor etwa 1000 Jahren. Zuvor töteten Menschen Wale nur, weil sie von ihnen lebten. Sie verwendeten fast alle Teile eines Wals – die Basken in Frankreich und Spanien nutzten selbst den Kot und machten daraus rote Farbe. Die Skandinavier verkleideten mit den Waldärmen die Fensteröffnungen.

Das wichtigste Walprodukt war Öl, das aus Walblubber gewonnen wurde. Walöl wurde für Kerzen und Lampen verwendet, bevor die Elektrizität erfunden wurde. Die Nachfrage nach diesem „flüssigen Gold" bedeutete, dass der Walfang nach der Mitte des 19. Jahrhunderts rapide zunahm. Neue Fangtechniken erleichterten das Töten der Wale, und so starben mehr und mehr große Wale. Manche Arten waren bald fast ausgerottet, und zugleich nahm der Bedarf an Walprodukten ab, weil die Elektrizität erfunden worden war, und Kunststoffe und Erdöl sie ersetzten.

Der Grönlandwal wurde 1931 als Erster unter Schutz gestellt, und seit 1986 gilt weltweit ein Walfangverbot. Heute existieren nur noch 5 bis 10 Prozent der ursprünglichen Großwalbestände. Aber obwohl einige Länder die Schutzbestimmungen umgehen und Naturvölker an ihren Traditionen festhalten, haben mehrere Arten ein Comeback geschafft.

WALFANG DER NATURVÖLKER
Früher lebten die Bewohner der Arktis und einige kleine Inselgemeinden von der Jagd auf Wale. Heute dürfen sie nur noch eine bestimmte Anzahl von Walen – ihre Fangquote – erlegen.

DAS LOGBUCH EINES WALFÄNGERS
Alte Logbücher geben uns Einblick in das Leben und Sterben an Bord eines Walfangschiffes. Diese Seiten stammen aus dem Logbuch eines amerikanischen Walfängers vom August 1858.

WALFLEISCH ZUM VERKAUF
In Streifen geschnittenes, geräuchertes oder gepökeltes Walfleisch wird auf dem großen Fischmarkt von Tokio verkauft. Es stammt von Walen, die von Japan für die so genannte „wissenschaftliche Forschung" erlegt wurden. Sie ist vom allgemeinen Walfangverbot ausgenommen.

INSIDESTORY
Wale helfen beim Fang von Walen

Etwa ab 1850 bis 1932 half eine Herde von rund 100 Orcas Walfängern in der Twofold Bay, Australien, beim Töten von Buckelwalen, die an der Küste entlangzogen. Die Orcas kreisten zusammen mit den Walfängern einzelne Buckelwale ein und erhielten zur Belohnung Zunge, Lippen und andere zarte Häppchen. Die Walfänger nannten den Anführer Tom. Im Laufe der Jahre kamen aber immer weniger Orcas und schließlich blieben sie ganz aus. Dann aber tauchte Tom mit ein paar anderen wieder auf. Als Tom starb, hängte man sein Skelett ins Museum. Gleichzeitig kam der Walfang in der Bucht zum Erliegen.

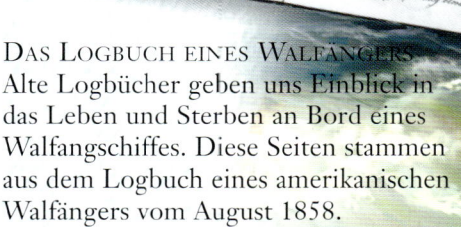

Wörterbuch

- **„Wal! Da bläst er!"** war der Ruf der Walfänger, wenn sie den Blas eines Wals entdeckten.
- Die Engländer nannten Glattwale **Right Whales** – „richtige Wale" für den Fang. Glattwale zogen langsam an der Küste vorbei und boten Öl, Fleisch und Barten.

Schon gewusst?

Stell dir vor, du bist fünf Jahre von zu Hause fort. Zu essen bekommst du nur gepökeltes Fleisch, Schiffszwieback voller Maden und Tee oder Kaffee. Du schläfst in dunklen, dreckigen Kabinen mit 30 anderen. Stürme und Krankheiten bedrohen dich, und vielleicht siehst du deine Heimat nie wieder. So war das Leben auf einem Walfangschiff im 19. Jahrhundert!

Wegweiser

- Wenn ein Wal „bläst", atmet er Luft aus. Willst du mehr darüber wissen, wie Wale atmen, lies weiter auf S. 28–29.
- Walen drohen im Wasser viele Gefahren. Blättere weiter zu S. 46–47.
- Was für den Schutz von Walen getan wird, steht auf S. 54–55.

DER TOD EINES WALS

Ein Walfangboot rammt einen Glattwal. Glattwale waren die ersten Wale, die gejagt wurden. Über 65 Jahre nachdem der Nördliche Glattwal oder Nordkaper unter Schutz gestellt wurde, ist er immer noch der seltenste Großwal – nur rund 320 Tiere haben überlebt.

AUS WALEN GEMACHT

Unvorstellbar viele Dinge wurden aus Walen hergestellt. Die Wikinger bauten Stühle aus Walwirbeln, die Bewohner der Faröer-Inseln Mauern aus Schädeln. Aus Haut waren Taschen, Schnürsenkel und Schuhe. Die Sehnen ergaben Tennisschlägerbespannungen.

KOSMETIKA
Walöl wurde in kosmetischen Cremes, Lotionen und Lippenstiften sowie in Zeichenstiften und als Kochfett verwendet.

MODE
Barten wurden zu Korsetts und Regenschirmen verarbeitet.

GRAVIERTE SOUVENIRS
Walfänger verzierten Knochen und Zähne und verkauften sie als Souvenirs.

Robbe   Hai

Wale schützen

WALE SIND HERRLICHE Geschöpfe und spielen im Ökosystem der Meere eine große Rolle. Doch der Mensch hat dafür gesorgt, dass Millionen starben und manche Arten vom Aussterben bedroht sind. Nach über 100 Jahren kommerziellen Walfangs sind gerade mal fünf bis zehn Prozent der ursprünglichen Bestände übrig geblieben. Kleinere Wale werden noch heute gejagt, und Fischereimethoden, Verschmutzung (Chemikalien, Abwässer), Lärm und andere Umweltprobleme haben die Bestände reduziert.

Ein Wal bringt nur ein Junges auf einmal zur Welt, und das auch nur alle vier bis fünf Jahre. Das ist der Grund, warum sich Walbestände nicht so schnell erholen wie etwa Fische. Während Grau- und Buckelwale ein Comeback schaffen, werden sich andere stark bejagte Arten, wie Grönlandwale und Nordkaper, vermutlich nie wieder ganz erholen.

Aber Einzelpersonen und Organisationen engagieren sich für den Schutz der Wale und ihres Lebensraums. Forscher und Lehrer helfen uns, Wale zu verstehen. Umweltschützer retten Wale, richten Walreservate ein und setzen sich für walfreundliche Fischfangmethoden ein. Die Internationale Walfang-Kommission (IWC) stellte bereits in den 1930er-Jahren einige Arten unter Schutz. 1986 erließ sie ein Fangverbot für stark bedrohte Arten – all dies sind wichtige Aktionen, wenn wir wollen, dass alle 81 Walarten weiterhin in den Ozeanen leben.

FRIEDLICHER PROTEST
Diese Aktivisten sind mit dem Schlauchboot dicht an ein großes Walfangschiff herangefahren und protestieren gegen den Walfang. Die gefährliche Aktion stört die Walfänger bei der Verfolgung der Wale.

UMWELTGIFTE
Gifte sammeln sich allmählich im Blubber der Wale an und machen sie krank und schwach. Die meisten Tiere sterben auf See, aber andere, wie dieser Delfin, werden von Wunden übersät an Land gespült.

Wörterbuch

- **Ökosystem** kommt von griechisch *oikos* für „Haus" und *systema* für „zusammengesetztes Ganzes". Es betrifft die Beziehungen der Lebewesen untereinander und mit ihrem Lebensraum.
- **Vaquita** ist Spanisch und heißt „kleine Kuh". So nennen die Fischer am Golf von Mexiko den Golftümmler.

Schon gewusst?

Obwohl ein weltweites Fangverbot für Großwale besteht, gibt es Ausnahmen: Japan, Norwegen und Island töten Zwergwale, Brydewale und Pottwale. Russen wurden Anfang der 1990er-Jahre beim Töten geschützter Arten erwischt. Naturvölkern in den USA, Kanada, der Russischen Föderation, Grönland und auf St. Vincent und den Grenadinen sind jedes Jahr kleine Fangquoten genehmigt.

Wegweiser

- Wenn du mehr darüber wissen willst, wo Wale leben, lies S. 20–21.
- Lies über die natürlichen Gefahren, denen Wale ausgesetzt sind, auf S. 46–47.
- Die Geschichte des Walfangs ist spannend. Über die sehr alte Walfangindustrie informieren die S. 52–53.

DIE MEISTGEFÄHRDETEN

Einige Delfin- und Walarten sind vom Aussterben bedroht, weil es nur noch sehr wenige von ihnen gibt. Die unten gezeigten Arten sind heute am stärksten gefährdet.

WISSEN AUS ERSTER HAND
Walforscher vergleichen ihre Notizen und Beobachtungen. Je mehr wir über Wale wissen, desto besser können wir verstehen, wie sie in ihrer Welt überleben und wie wir sie schützen können.

BEIJI
Vom Beiji oder Chinesischen Flussdelfin gibt es nur noch knapp 100 Tiere. Selbst Schutzprojekte können sein Überleben nicht garantieren.

SEI AKTIV!
Laden-Detektiv

In den letzten 40 Jahren sind mehr Delfine beim Tunfischfang umgekommen als bei irgendeiner anderen Tätigkeit des Menschen. Fischer benutzen Treibnetze und Ringwaden. In diese Netze geraten nicht nur Tunfische, sondern auch viele andere Tiere, darunter Delfine, Robben und Schildkröten. Manche Fischer haben ihre Fangmethoden geändert. Ihre Tunfisch-Dosen werden als „delfinsicher" oder „delfinfreundlich" verkauft. Achte einmal im Supermarkt darauf, welche Tunfisch-Dosen einen Aufkleber „delfinfreundlich" haben. Gibt es welche, die kein solches Logo aufweisen? Aus welchen Ländern kommen sie? Stammen die delfinfreundlichen Dosen auch aus diesen Ländern? Welche Dosen würdest du nehmen?

VAQUITA
Der Vaquita lebt in Lagunen im Golf von Kalifornien, Mexiko. Die meisten sind in Stellnetzen umgekommen. Es gibt nur noch 200 Tiere.

NORDKAPER
Der Nordkaper ist durch den Walfang fast ausgerottet. Und obwohl er seit über 60 Jahren unter Schutz steht, gibt es nur noch etwa 320.

INDUSDELFIN
Staudämme im Indus haben diese Delfine in fünf kleine Gruppen aufgesplittert, was die Fortpflanzung erschwert. Kaum 500 haben überlebt.

Meeresschildkröte

Delfin

Kleiner Schwertwal   Pilotwal

Strandungen

ES IST EIN TRAURIGER Anblick, wenn Wale, die so perfekt an das Leben im Wasser angepasst sind, am Strand verenden. Das kann ein einzelner Wal sein, zu alt, krank oder verletzt um weiterzuschwimmen oder, was häufiger vorkommt, eine kleine, aufs Trockene geratene Gruppe. Gelegentlich kommt es zu Massenstrandungen. Hunderte von Zahnwalen, wie Pilotwale, Kleine Schwertwale, Pottwale und Delfine, kommen bis dicht an die Küste und schwimmen dann plötzlich an den Strand. Warum Wale das tun, bleibt rätselhaft.

Am häufigsten und in größter Zahl stranden Arten, die in eng verknüpften Gruppen und auf hoher See leben. Experten glauben, dass sie ihrer Beute bis in Küstennähe folgen, wo ihre Orientierungsfähigkeit gestört wird, und zwar entweder durch Parasitenbefall und Erkrankung oder durch Störungen im Erdmagnetfeld. Flachküsten und Sandbänke sind Unfallschwerpunkte. Und wenn ein krankes oder verletztes Tier strandet, reagieren Gruppenmitglieder auf seine Notsignale. Sie bleiben bei ihm und stranden ebenfalls.

Der Körper eines gestrandeten Wals wird nicht mehr vom Wasser getragen und kann von seinem eigenen Gewicht erdrückt werden. Felsen oder Wellen können den Wal verletzen, Sand kann sein Blasloch verstopfen und die Sonne seine empfindliche Haut verbrennen. Retter schaffen es manchmal, gestrandete Wale ins Meer zurückzuschleppen, müssen aber aufpassen, dass sie die großen Tiere dabei nicht verletzen. Und die Wale können gleich wieder stranden!

HILFELEISTUNG
Diese Menschen versuchen, gestrandeten Pilotwalen zu helfen. Sie haben sie vorsichtig gedreht, so dass sie richtig liegen. Hier gießen sie Meerwasser über die Wale (wobei kein Wasser ins Blasloch dringen darf) und bedecken sie mit nassen Tüchern. So bleibt ihre Haut feucht und wird vor Sonne und Wind geschützt.

SCHULD DES MILITÄRS
Schiffe der US-Marine hatten ihre Sonarsysteme im Einsatz, als auf den Bahamas sieben Wale am Strand verendeten. Bei allen Walen wurden Schäden im Innenohr festgestellt, was ihre Orientierungsfähigkeit beeinträchtigte. Walforscher sind überzeugt, dass das Sonar zu den Verletzungen geführt hat.

 **INSIDESTORY**

Doppelter Einsatz

Eine Gruppe von Pilotwalen strandete 1994 in einer Bucht in Neuseeland. Am nächsten Morgen waren 47 Wale gestorben. Ausgebildete Helfer versorgten 45 Überlebende. Im Kampf gegen die brennende Sonne und trockene Winde gruben die Retter mit einem Bagger eine Rinne zum offenen Meer. Dann hoben sie die geschwächten Tiere vorsichtig auf aufblasbare Pontons. Bei Flut schwammen die Wale wieder – über 30 Stunden nach ihrer Strandung. Sie suchten noch eine Weile im Flachen nach vermissten Artgenossen und wurden dann von Rettungsbooten an den gefährlichen Sandbänken der Bucht vorbei ins Meer getrieben.

Es war schon spät am Nachmittag, als die Retter an die andere Seite der Bucht gerufen wurden, wo weitere 100 Pilotwale gestrandet waren. Die Retter richteten die Wale auf und hielten sie über Nacht feucht, bis sie am nächsten Tag ins Meer zurückschwammen.

Pottwal

Wörterbuch

Pilotwale verdanken ihren aus dem Englischen abgeleiteten Namen ihrer Neigung, einem Leittier oder Lotsen zu folgen (*pilot* ist englisch für „Lotse"). Er könnte auch darauf zurückgehen, dass Pilotwale – oder Grindwale – Fischschwärmen nachjagen und dadurch Fischer zu einem guten Fang „lotsen".

Schon gewusst?

Als 80 Pilotwale in gefährliche Nähe des Tokerau-Strandes in Neuseeland kamen, versuchten Ortsansässige, sie zu retten. Zum Glück kam eine Schule von Delfinen von der Jagd auf See zurück. Sie schwammen im seichten Wasser um die Pilotwale herum und lockten sie ins Meer zurück. 76 Wale wurden gerettet.

Wegweiser

- Der Orientierungssinn eines Wals ermöglicht es ihm, weit zu wandern. Um zu erfahren, wie und warum Wale wandern, blättere zu S. 22–23.
- Mehr über die Art, wie Wale sich orientieren und ihre Nahrung finden, steht auf S. 36–37.
- Viele Gefahren drohen Walen; einige sind natürlich und andere von Menschen verursacht. Willst du mehr darüber wissen, lies auf S. 46–47 weiter.

WIEDER FLOTT

Dieser gestrandete Wal wird wieder auf See hinausgeschleppt. Nach neuen Rettungsmethoden bringt man die Wale erst von der Stelle, wo sie gestrandet sind, weg und macht sie nicht gleich wieder flott. Walforscher glauben, dass der Strandungsort selbst der Grund sein könnte, warum Wale stranden.

GERETTET UND FREI

Viele gestrandete Wale würden sterben, kämen sie gleich ins Meer zurück. Darum bringt man sie in ein Rehabilitationszentrum. Hier werden sie fachkundig betreut, bis sie wieder gesund sind.

Ein verletzter Delfin wird vorsichtig auf eine Tragematte gelegt und zu einem Laster gebracht, der ihn zum Rehabilitationszentrum fährt.

Sehr junge Delfine werden mit Milch aus der Flasche ernährt. Ältere werden von Hand mit Fischen gefüttert.

Wenn sich ein Delfin im Rehabilitationspool erholt hat, will er wieder schwimmen; Freiwillige stehen daneben und helfen ihm.

Wale als Zootiere

GROSSE TÜMMLER, BELUGAS, ORCAS, Kleine Schwertwale und Indische Schweinswale sind nur einige der Wale, die seit über 100 Jahren in Gefangenschaft gehalten werden. Sie sind die Attraktion in Aquarien, Ozeanarien und Zoos und ziehen Millionen von Besuchern an, die wegen ihrer Show kommen oder sie einfach nur hinter Glas schwimmen sehen wollen. Sie leben in großen, küstennahen Gehegen, in die ständig frisches Meerwasser strömt, oder aber in engen Betonbecken mit schmutzigem Wasser und ohne natürliches Licht.

Manch einer ist gegen die Walhaltung in Gefangenschaft, andere sehen darin eine Chance, Wale zu verstehen. Denn hier kann auch der Laie Wale aus nächster Nähe und unter fachkundiger Führung besser kennen lernen. Und auch Wissenschaftler haben durch die Beobachtung bestimmter Arten in Aquarien und Ozeanarien viel gelernt.

Aber Wale sind nicht für die Gefangenschaft geschaffen. Diejenigen, die klein genug sind, leben normalerweise in sozialen Gruppen, für deren Haltung meist nicht genug Platz ist. Und obwohl einige Arten sich in Gefangenschaft züchten lassen, werden die meisten Wale im Meer gefangen. Manche passen sich an, aber viele leiden und sterben eher als ihre wild lebenden Artgenossen. Das Verhalten gefangener Wale gibt uns zudem kaum eine richtige Vorstellung davon, wie in freier Wildbahn lebende Wale wirklich sind.

NICHT WIE ZUHAUSE
Dieser Beluga in einem Aquarium in Vancouver, Kanada, ist vielleicht der einzige Wal, den das kleine Mädchen je sehen wird. Aber so begrenzte Behausungen können nie dasselbe wie die Hochsee sein. Viele gefangene Wale kreisen in ihrem Becken, verstummen, werden aggressiv, depressiv und verletzen sich sogar selbst.

BALD AUSGEROTTET?
Der Beiji oder Chinesische Flussdelfin ist die seltenste Walart der Welt. Seine einzige Hoffnung, in dem stark verschmutzten und von Dämmen gestauten Yangtze, der seine Heimat ist, zu überleben, sind vermutlich eine Art Gefangenschaft und ein Zuchtprogramm in Reservaten. Leider haben Wissenschaftler bisher Schwierigkeiten, die Delfine einzufangen.

INSIDESTORY

Keiko in die Freiheit

Keiko ist der Star im Kinofilm *Free Willy* über einen Jungen, der einen gefangenen Schwertwal befreien hilft. Keiko wurde bei Island frei geboren, aber 1979 gefangen. Nach dem Film kam er in das mexikanische Aquarium, aus dem er geholt worden war, zurück.

Als seine Fans davon erfuhren, sammelten sie Geld, um Keiko zu befreien. 1998 wurde er nach Island in ein abgezäuntes Gehege zurückgebracht. Seither hat er Jahr für Jahr Ausflüge in die Freiheit unternommen und dabei immer mehr Kontakt zu wilden Artgenossen gehabt. Aber er kehrte stets in sein Gehege zurück. Nach 22 Jahren in Gefangenschaft sind sich seine Betreuer nicht sicher, ob er je wieder wild leben wird.

KONTAKT IN FREIER NATUR
Überall in der Welt gibt es Orte, wo man Wale, Delfine und Schweinswale in ihrem natürlichen Lebensraum beobachten kann. In Monkey Mia und Tangalooma in Australien und Little Bahama Bank auf den Bahamas kann man sie füttern und mit ihnen schwimmen.

Wörterbuch

In der Antike war ein **Aquarium** eine Viehtränke. *Aqua* ist lateinisch für „Wasser" und *arium* bedeutet „ein zu etwas gehörender Ort". Als Aquarium bezeichnet man heute einen Behälter, ein Becken oder ein verglastes Gebäude, in denen Wassertiere gehalten werden.

Schon gewusst?

Manche Aquarien finanzieren Projekte, die Walen das Leben in Freiheit ermöglichen. Das Aquarium von Vancouver bietet die Patenschaft für einen wild lebenden Schwertwal an. Man bekommt eine Patenschaftsurkunde, ein Foto und die Lebensgeschichte des Patenwals, eine CD mit Schwertwallauten und zahlreiche Informationen. Und man unterstützt die Erforschung von frei lebenden Orcas.

Wegweiser

• Woher wissen wir, dass Wale sehr intelligente Tiere sind? Blättere zu S. 40–41, wenn du das wissen willst.
• Viele Tricks, die Wale in Gefangenschaft für Vorführungen erlernen, basieren auf natürlichen Verhaltensweisen wie Spähhüpfen oder Hochspringen. Mehr über Verhaltensweisen steht auf S. 34–35.

ORCA IM SPRUNG

Wale, die in Aquarien, Meeresparks und Zoos Kunststücke vorführen, sind wahre Publikumsmagneten. Die cleveren Tricks und die Verspieltheit dieses Schwertwals haben einen hohen Unterhaltungswert. Man kann dabei leicht vergessen, dass die Tiere sich dabei vielleicht nicht wohl fühlen.

ALLE MEINE TRICKS

Große Tümmler sind sehr lernfähig, und die Tricks, die ihnen beigebracht werden, beruhen meist auf natürlichen Verhaltensweisen. Auch im Meer springen sie aus dem Wasser wie durch den Feuerreifen oder schnellen über Wogenkämme wie über einen Stock.

 Fotoapparat  Sichtungsbuch  Fernglas

Wale sichten

DIE BEGEGNUNG mit einem Wal in freier Wildbahn – der zusammen mit seinen Artgenossen taucht, frisst oder springt – ist die beste Art, diese Tiere aus nächster Nähe kennen zu lernen. Zum Glück gibt es Orte, wo das möglich ist. Man kann sie aus der Luft, von Land, unter oder auf dem Wasser beobachten. Man kann es allein im Kajak oder Segelboot oder als Waltourist im Schlauchboot oder Motorboot versuchen.

Wer Erfolg haben will, braucht außerdem ein gutes Fernglas und viel Geduld. Schließlich verbringen Wale 70 bis 90 Prozent ihrer Zeit unter Wasser, und man kann sie nur sichten, wenn sie zum Atmen an die Oberfläche kommen – oder wenn sie springen oder auf Bugwellen reiten. Man muss auch wissen, wie das Wetter wird – und natürlich, wo man suchen soll.

Die verschiedenen Arten sind je nach Jahreszeit nur in bestimmten Seegebieten anzutreffen, wo sie sich paaren und kalben, fressen oder wandern. Manche Wale, wie Große Tümmler, Dunkle Delfine und Atlantische Fleckendelfine, kommen bis dicht an die Küste, und man kann sie vom Strand, von Klippen und Aussichtspunkten aus sehen. Aber Schnabelwale und hochseebewohnende Delfine bleiben auf See, und man braucht Glück, um einen von ihnen zu sichten. Wale, Delfine und Schweinswale sind kräftige, ungezähmte Tiere. Halt also Abstand, wenn du in ihre Nähe kommst.

SPASS BEIM BUGWELLENREITEN
Manchmal kommen Wale in die Nähe von Menschen. Insbesondere Delfine reiten gern auf der Bugwelle eines Bootes. Sie schubsen sich spielerisch und sehen auch mal zu den Menschen hoch, die ihnen von oben zuschauen.

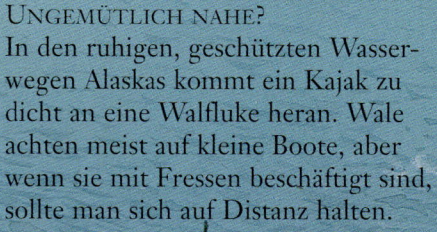

UNGEMÜTLICH NAHE?
In den ruhigen, geschützten Wasserwegen Alaskas kommt ein Kajak zu dicht an eine Walfluke heran. Wale achten meist auf kleine Boote, aber wenn sie mit Fressen beschäftigt sind, sollte man sich auf Distanz halten.

SEI AKTIV!
Mach dir ein Sichtungsbuch

Du brauchst ein dickes Heft mit wasserfestem Papier. Es soll in dein Tagesgepäck passen, damit du es (mit Bleistift und Anspitzer) auf alle Touren auf der Suche nach Walen mitnehmen kannst. Notiere dir jeden Wal, den du siehst. Schreib Ort, Datum und Uhrzeit auf. Beschreibe das Wetter, den Zustand der See und alles Auffällige. Halte auch die Anzahl und die Art der Wale fest – falls du sie identifizieren kannst. Wenn nicht, schreib Identifizierungsmerkmale auf, wie z.B. Größe, Gestalt, Farbe, Markierungen und Blasform sowie ungewöhnlich geformte Köpfe oder Flossen. Beschreibe, was sie über Wasser tun und wie sie abtauchen.

Wörterbuch

Amerikanische Walfänger nannten die Grauwale „devilfish", was soviel wie „Teufelsfisch" bedeutet, da Walkühe ihre Kälber so heftig verteidigten, wenn man sich ihnen näherte, dass sie oftmals die Walfänger angriffen. Heute sind sie besser dafür bekannt, eine der freundlichsten und neugierigsten Walarten zu sein.

Schon gewusst?

Wale können Menschen verletzen. Manchmal tun sie es absichtlich, wenn z.B. Pottwale und Grauwale Walfangboote rammen und die Walfänger angreifen. Manchmal geschieht es aber unabsichtlich. Finnen oder Fluken haben Menschen getroffen, die gestrandeten Walen halfen, und ein Fotograf erlitt Knochenbrüche, als ein Südkaper ihn leicht anrempelte.

Wegweiser

• Wenn du Wale treffen möchtest, musst du wissen, wo sie leben. Darüber steht vieles auf S. 20–21.
• Manche Walarten sind in Gefahr. Was man tun kann, um sie zu retten, steht auf S. 54–55.

WO IN DER WELT

Diese Karten zeigen, wo in der Welt man Wale, Delfine und Schweinswale verlässlich sehen kann – sie werden von der Küste oder vom Boot aus beobachtet.

EIN PARADIES FÜR FOTOGRAFEN
Von Ende November bis März kann man Buckel- und Zwergwale auf der Antarktischen Halbinsel in ihren sommerlichen Nahrungsgebieten beobachten. Waltouristen können in kleinen Schlauchbooten dicht genug an die Tiere heranfahren, um ihnen am Packeisrand beim Krillfressen zuzusehen.

AUSSICHTSPOSTEN
Südliche Glattwale paaren sich und kalben im Winter und Frühling in den Küstengewässern der südlichen Erdhalbkugel. In Argentinien, Südaustralien und Südafrika kann man von Klippen aus den Kühen beim Spielen mit ihren Kälbern zusehen.

Zooplankton   Meeresräuber

Glossar

Aktivist Jemand, der sich an Aktionen zu einem kontroversen Thema beteiligt. Walaktivisten arbeiten z.B. daran, ein Verbot des kommerziellen Walfangs zu erreichen.

Amphipoda Flohkrebse.

Ära Zeitabschnitt in der Erdgeschichte.

ausgestorben Eine Tier- oder Pflanzenart, die es nicht mehr gibt.

Barten Die Keratinplatten im Maul von einigen Walen, die ein Sieb bilden, das die Nahrung aus dem Meerwasser heraussieht.

Bartenwale Alle Wale, die keine Zähne haben, sondern Barten, die von ihrem Oberkiefer herabhängen.

Blas Sichtbare ausgeatmete Luft eines Wals. Der Blas besteht aus Luft, Wasserdampf, Meerwasser und Schleim.

Blasennetz Eine Methode beim Nahrungserwerb des Buckelwals, bei der er mit einem „Netz" aus emporsteigenden Luftblasen einen Fischschwarm einkreist.

Blasloch Eine Nasenöffnung an der Kopfoberseite. Bartenwale haben zwei Blaslöcher, Zahnwale nur eines.

Blubber Die Speckschicht unter der Walhaut, die Energie und Wärme speichert.

Breaching Englisches Fachwort für das Springen der Wale.

Bugwellenreiten Häufiges Verhalten von Delfinen, die auf einer von einem Boot oder einem großen Wal erzeugten Welle surfen.

Cetacea Die wissenschaftliche Ordnung, der Wale angehören.

Copepoda Ruderfußkrebse.

Crustacea Krustentiere.

Delfin-Tante Ein weiblicher Delfin, der einer Delfinmutter bei der Geburt und der Aufzucht ihres Kalbs hilft.

Delphinidae Der wissenschaftliche Name der Familie der Delfine.

Dezibel Maßeinheit zur Messung der Lautstärke.

DNS Abkürzung für Desoxyribonukleinsäure. Moleküle der DNS enthalten die Erbinformationen eines Lebewesens.

Echolokation Ein System zur Erzeugung und zum Empfang von Schall, das von Walen zur Orientierung benutzt wird.

Epoche Zeitabschnitt innerhalb einer Ära der Erdgeschichte.

Finne Knorpelige Erhebung auf dem Rücken vieler Walarten, die zur Stabilität im Wasser beiträgt.

Flensmesser Ein Messer, mit dem Blubber oder Haut von einem toten Wal abgezogen wurde.

Flipper Zu Paddeln umgeformte Vorderbeine eines Wals, die zum Steuern benutzt werden. Bei Fischen sind es die Brustflossen.

Fluke Schwanzflosse eines Wals. Sie steht vertikal und treibt das Tier beim Schwimmen voran.

Flukenschlagen Mit der Fluke auf die Wasseroberfläche schlagen.

Fossil Die in Gesteinsschichten eingebetteten Überreste von Pflanzen und Tieren, die im Lauf vieler Jahrtausende versteinert sind.

Hörbild Delfine erkennen die Form und Lage von Objekten mit Hilfe von akustischen Signalen.

Huftier Ein grasfressendes Säugetier mit Hufen. Zu dieser Gruppe gehören Kühe, Schafe, Hirsche, Pferde und Nashörner.

Hydrophon Ein Mikrophon, mit dem Schall unter Wasser aufgenommen wird.

IWC (International Whaling Commission/ Internationale Walfangkommission) Eine Organisation, die die jährlichen Fangquoten für Wale festsetzt.

Kalb Junger Wal, der noch von der Mutter gesäugt wird.

Kaltblüter oder Wechselwarme. Tiere, deren Körpertemperatur der Umgebung entspricht. Reptilien sind Kaltblüter.

Keratin Hornsubstanz, aus der Fingernägel, Haare und Barten bestehen.

Kiemen Das Atmungsorgan vieler Wassertiere. Haie, Knochenfische und Muscheln atmen durch Kiemen.

Klicklaute Dicht aufeinanderfolgende, hohe Töne, die Zahnwale bei der Echolokation erzeugen.

Kontinentalschelf Der flach geneigte Bereich an den Rändern eines Kontinents.

Krill Kleine, bis zu 5 cm große Krebstiere, Hauptnahrung der Bartenwale.

Krustentiere Mitglieder der Klasse der Krebstiere, z.B. Krabben, Krebse und Garnelen.

laminare Strömung Das störungsfreie Strömen des Wassers um einen glatten, stromlinienförmigen Körper wie den eines Wals. Die laminare Strömung bewegt sich mit einer anderen Geschwindigkeit als das umgebende Wasser fort.

Larve Ein nicht voll entwickeltes wirbelloses Tier.

Fossil   Blubber

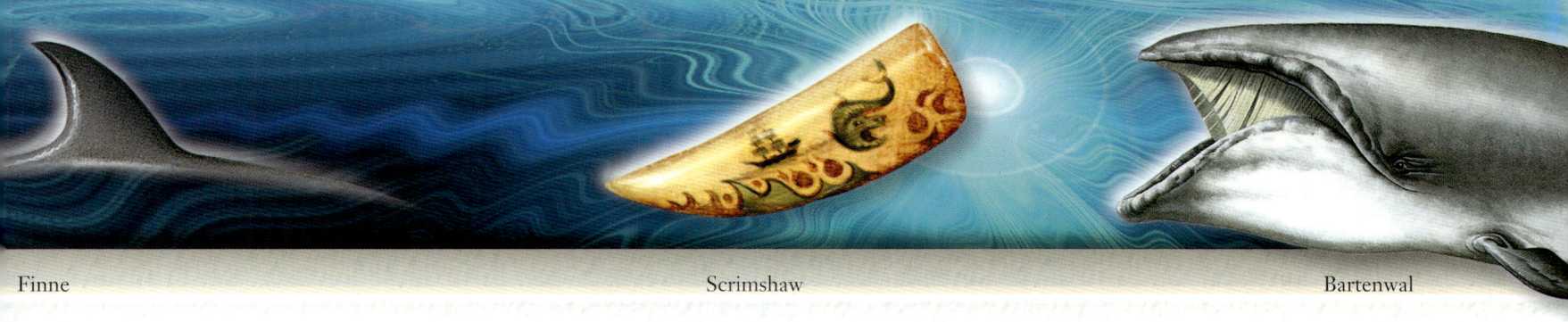

Finne — Scrimshaw — Bartenwal

Magnetsinn Die Fähigkeit, das Magnetfeld der Erde zu spüren.

Meeresräuber Ein Meerestier, das sich von anderen lebendigen Tieren ernährt und sie gewöhnlich jagt und erlegt.

Melone Weicher, linsenförmiger Fettkörper in der Stirn von vielen Zahnwalen. Man nimmt an, dass sie den bei der Echolokation auszusendenden Schall bündelt.

Mysticeti Wissenschaftlicher Name für Bartenwale.

Nomade Ein Tier, das dorthin wandert, wo auch seine Nahrungstiere sind.

Odontoceti Wissenschaftlicher Name für Zahnwale.

Ökosystem Das Gefüge zwischen Lebewesen verschiedener Arten und ihrem Lebensraum.

Paarung Die körperliche Vereinigung zweier Lebewesen unterschiedlichen Geschlechts zum Zwecke der Fortpflanzung.

Paläontologe Wissenschaftler, der Fossilien untersucht, um mehr über die erdgeschichtliche Vergangenheit zu erfahren.

Parasit Ein Lebewesen, das seine Nahrung anderen Lebewesen entzieht und diese dabei schädigt.

Phocoenidae Der wissenschaftliche Name für die Familie, zu der die Schweinswale oder Tümmler gehören.

Plankton Tierische und pflanzliche Kleinstlebewesen, die im Wasser frei schweben.

Pubertät Zeitspanne zwischen der Kindheit und dem Erwachsenenalter, wenn Tiere geschlechtsreif werden.

Rehabilitation Pflege von kranken oder verletzten Tieren, bis sie wieder gesund genug sind, um in die freie Wildbahn zurückzukehren.

Rostrum Die schnabelähnliche Verlängerung des Oberkiefers.

Ruderfußkrebse Winzige Krebstiere, Bestandteile des Krills. Wissenschaftlicher Name: Copepoda.

Säugen Ein Junges Muttermilch trinken lassen.

Säugetier Die Gruppe von Tieren, die ihre Jungen mit Muttermilch ernähren.

Schule Gruppe von Tieren der gleichen Art. Das Wort wird besonders im Zusammenhang mit Delfinen gebraucht, die miteinander leben.

Schwielen Krustige, verhornte Hautwucherungen auf dem Kopf einiger Wale.

Scrimshaw Englisches Wort für gravierte Knochen und Zähne von Walen. Sie wurden von Seeleuten während des Walfangs angefertigt.

Sonar Eine Methode, bei der Schall und Echo zur Ortung von Objekten unter Wasser eingesetzt werden.

Sonogramm Eine optische Darstellung von Schall.

Spähhüpfen Ein typisches Verhalten vieler Zahn- und Bartenwale. Sie strecken den Kopf senkrecht aus dem Wasser und sehen sich um. Dann tauchen sie wieder ab.

Stranden Wenn ein Wassertier auf trockenem Land festsitzt und unfähig ist, ins Wasser zurückzukehren.

stromlinienförmig Eine Körperform, bei der sich der Widerstand des Wassers oder der Luft bei der Fortbewegung verringert.

Subtropische Gewässer Die kühleren Wasserbereiche an den Rändern der tropischen Gewässer.

Taucherkrankheit Eine Gefahr für Taucher, verursacht durch eine schnelle Veränderung des Wasserdrucks beim Auftauchen, die dazu führt, dass der Stickstoff im Blut Bläschen bildet.

Trächtigkeit Schwangerschaft bei Tieren.

Tropische Gewässer Die warmen Gewässer in den tropischen Regionen der Erde, beidseitig des Äquators.

Tümmler Ein anderes Wort für Schweinswal.

Ultraschall Hohe Töne, die für das menschliche Ohr nicht mehr wahrnehmbar sind.

Umweltverschmutzung Giftige Abfallstoffe, Müll, Öl, Plastik und anderer Unrat werden ins Meer gekippt und gefährden alle Meerestiere.

Urwal Vorfahr moderner Wale aus dem Tertiär, einer Periode der Erdgeschichte.

Wal Ein im Wasser lebendes, warmblütiges Säugetier. Mit diesem Wort werden auch Delfine und Schweinswale bezeichnet.

Warmblüter Tiere, deren Körpertemperatur unabhängig von ihrer Umgebung konstant bleibt. Säugetiere, einschließlich Mensch, sind Warmblüter.

Wasserdampf Erhitztes Wasser, das gasförmig wird.

Zahnwale Alle Walarten mit Zähnen anstelle von Barten.

Zooplankton Winzige Tiere, die in den oberen Schichten der Ozeane leben und Bestandteil des Krills sind.

Urwal — Fluke — Umweltverschmutzung

Index

A
Aktivisten 54, 62
Alter 43
Amazonasdelfin 18, 19
Ambulocetus 11
Amphipoda 30, 62
Aquarien 58-59
Atlantischer Fleckendelfin 17, 60
Atlantischer Weißseitendelfin 15
Atmen 28, 43

B
Barten 14-15, 53, 62
Bartenwale 10, 12, 15, 20, 22, 22, 30, 36, 38, 40, 42, 43, 44
bedrohte Arten 52, 55
Beiji-Delfin 55, 58
Beluga 11, 14, 18, 19, 21, 23, 38, 46, 58
Beziehungen 42, 44-45
Blas 28, 29, 53, 62
Blasennetz 31, 62
Blasloch 8, 9, 14, 62
Blauwal 9, 10-11, 12-13, 29, 30, 31, 39, 43
Blubber 12, 24, 25, 46, 52, 62
Boote 47, 53-53
Breaching 62
Brillenschweinswal 17
Brydewal 20, 55
Buckelwal 8, 12-13, 22, 28, 31, 34-35, 38-39, 42, 43, 44, 47, 52, 54
Bugwellenreiten 60, 62
Burmeisters-Schweinswal 17
Butu 18, 19

C
Cetacea 8, 9, 62
Chinesischer Flussdelfin 55, 58
Commersons-Delfin 16
Copepoda 30, 62
Crustacea 30, 62

D
Dalls-Schweinswal 17, 20, 33
Delfin-Tanten 43, 62
Delphinidae 16, 62
Dorudon 10
Dugong 9, 24
Dunkler Delfin 17, 24, 38, 60

E
Echolokation 14, 24, 36-37, 38, 62
Eisbären 46
Entenwal 14
Erdgeschichte 10-11
Erlerntes Verhalten 41

F
Familiengruppen 44
Finne 12, 13, 16, 32, 62
Finnwal 15, 29, 30, 31
Fische 8, 19, 24
Fischfang 46, 55
Fleckendelfine 17, 44, 46, 60
Flensmesser 52, 62
Flipper 12, 32, 34, 35, 62
Flohkrebse 30
Flossen 12-13, 32
Fluke 12, 32, 33, 62
Flukenschlagen 34, 35, 46, 62
Flussdelfine 20, 44, 55
Forschung 23, 54-55
Fortpflanzung 42-43, 54
Fossilien 10-11, 62
Fressen 30-31, 37, 44
Furchenwale 14, 28, 30, 31

G
Gangesdelfin 14
Geburt 42
Greenpeace 54
Gefangenschaft 58-59
Geruchssinn 36
Gesang 38-39, 42
Geschmackssinn 36-37
Gewöhnlicher Delfin 25, 34
Gill, Peter 9
Glattwale 9, 15, 20, 22, 28, 29, 30, 42, 53, 54
Grauwal 8, 14, 22, 29, 30, 54
Grönlandwal 13, 14, 15, 21, 25, 29, 52, 54
Größe 12-13
Großer Tümmler 12, 16, 20, 37, 40, 41, 42, 43, 44, 45, 58, 49, 60

H
Hafenschweinswal 14, 17
Haie 28, 46, 47
Harpune 52
Haut 24
Hectors-Delfin 20
Herden 45
Hören 17, 36, 38-39
Huftiere 9, 62
Hydrophon 39, 62

I
Indischer Schweinswal 17, 58
Indopazifischer Buckeldelfin 24
Indusdelfin 55
Instinktverhalten 41
Intelligenz 40-41
Irawadi-Delfin 43
IWC (Internationale Walfang-Kommission) 54, 62

J
Jagen 30-31, 37, 46-47, 52-53
Japan 52, 55

K
Kämpfen 16, 18, 46-47
Keiko 58
Keratin 14-15, 62
Kleiner Schwertwal 56, 58
Kommunikation 34, 38-39, 42, 44
Kontinentalschelf 20, 62
Körperbau 8, 12-13, 24-25, 28, 32-33, 38, 42-43
Krebstiere 15, 30
Krill 25, 30, 31, 44, 62
Krustentiere 30, 62
Kurzflossen-Grindwal 25, 44

L
laminare Strömung 32, 62
Langflossen-Grindwal 16
Layards-Schnabelwal 14, 18

M
Magnetsinn 36, 37, 63
Mahimahi 8
Mammalodon 10
Marlin 46-47
Meeresparks 58-59
Meeresräuber 46-47, 63
Melone 13, 38, 63
Mesonynx 10
Mysticeti 14-15, 63
Mythen 50-51

N
Narwal 14, 18, 19, 42
Naturvölker 53, 54, 55
Netze 55
Noad, Michael 38
Nomadische Wale 22-23, 63
Nordkaper siehe Nördlicher Glattwal
Nördlicher Glattwal 20, 53, 54, 55

O
Odontoceti 14-15, 63
Orca siehe Schwertwal
Orientierung 36-37, 56
Ozeane 21

P
Paarung 42-43, 63
Paläontologie 11, 63
Parasiten 46, 47, 56, 63
Pazifischer Hafenschweinswal siehe Vaquita
Pazifischer Weißseitendelfin 17
Phocoeridae 16, 63
Polarmeer 21
Pottwal 12, 14, 21, 25, 28, 29, 32, 37, 38, 41, 42, 45, 46, 47, 55, 56
Protocetus 10, 11
Pubertät 44, 45, 63

R
Rehabilitation 57, 63
Rettung durch Delfine 16
Rissos-Delfin 16
Robben 9
Ross, Graham 19
Rostrum 16, 63
Rückenfinne siehe Finne
Ruderfußkrebse 15, 30, 63

S
Sanduhr-Delfin 33
Säugen 42, 63
Säugetiere 8-9, 63
Schall 36-39
Schallstoß 37
Schiffshalter 47
Schlaf 28
Schnabelwale 14, 18
Schule 45, 63
Schwammträger 45
Schwänze 8-9, 32-33
Schweinswale 22, 44, 45, 56, 57
Schwertwal 8, 13, 16, 20-21, 30, 31, 34, 39, 40, 45, 46-47, 52, 58-59
Schwielen 15, 63
Schwimmen 12, 17, 28-29, 32-33
Scrimshaw 63
Seekühe 9
Seepocken 46, 47
Seeungeheuer 51
Sehen 36-37
Seiwal 9, 28, 31, 32, 33

Sender 23
Simo, Legende von 51
Skelette 12, 24
Sonar 39, 56, 63
Sonogramm 39, 63
soziale Kontakte 44-45
Spähhüpfen 20, 35, 63
Spiegelbild, Erkennen des 41
Spinnerdelfin 34, 35, 46
Springen 34-35, 46
Strandungen 56-57, 63
Streifendelfin 34, 35
Südkaper siehe Südlicher Glattwal
Südlicher Glattwal 9, 20, 44, 61

T
Tangwald 21
Tastsinn 36-37
Taucherkrankheit 24, 25, 63
Tauchgänge 28-29, 32-33
Trächtigkeit 42-43, 63
Tricks 59
Tucuxi 24

U
Ultraschall 36, 37, 63
Umweltgifte 46, 47, 54
Umweltverschmutzung 46, 47, 54, 63
Urwale 10-11, 63

V/W
Vaquita 13, 17, 20, 55
Verteidigung 46-47
Waffen 52-53
Walbabys 42-43
Walfang 52-53
Walfangverbot 52
Walfisch (Sternbild) 50
Walhai 8
Walläuse 46, 47
Walprodukte 52-53
Walschutz 54-55
Wanderung 22-23
Wasserdruck-Sinn 36
Weißschnauzendelfin 17

Z
Zählungen aus der Luft 23
Zähne 14-15, 18, 43
Zooplankton 30-31, 63
Zoos 58-59
Zwergglattwal 15
Zwergwal 13, 20, 21, 22, 29, 44, 55

Für ihre Mithilfe bei der Vorbereitung dieses Buches danken die Herausgeber: Peter Gill, Michael Noad, Julian Pepperrell, Professor Pat Quilty, Dr. Graham Ross, Tangalooma Dolphin Resort.
Besonders dankbar sind wir den Kindern und Erwachsenen, die auf Fotos erscheinen: Charlotte Barge, Alex Hall, Cassandra Hall, Eloise Hall, Alfred Hall, Jane Liane Hall, Heide-Jo Kelly, Emily Knight, Gregory Knight, Liam Low, Nerys Low, Elizabeth Lum, Malcolm McLean, Marie McLean, Abbey Piaud, Christopher Piaud, Jules Smith-Ferguson, Pasang Tenzing.

BILDNACHWEIS (o=oben, u=unten, l=links, r=rechts, m=Mitte, U=Umschlag).
AAP Images 58ur. **ABRS** 19ol (courtesy Media 24/Evening Post/Graham Ross). **Ad-Libitum** 5u, 7ur, 10ur, 12m, 13m, 14ul, 21m, 24ul, 27ol, 30ul, 33mr, 40o, 45ol, 49ub, 55u, 60m (Mihal Kaniewski). **APL** 25m, 30ur, 34or, 36ur, 37m, 50or, 50ul, 52or, 52mcr, 52ml, 58ul, 60or (Corbis); 30or, 39um (Minden/Philip Nicklin); 28ul, 35ul, 47um. **Ardea London** 55o (Francois Gohier); 16or. **Auscape** 58ml (Mark Carwadine), 18or (Jeff Foott) 61ol (Colin Monteath), 23m (Stefano Niccolini), 32m (Mike Osmond), 15m (Doug Perrine), 28or (Mark Spencer). **Brandon D. Cole** 20ml, 51u. **Bruce Coleman** 8or. **FLPA** 20or (Scott Sinclair/Mammal Fund Earthviews), 47ol (Marineland). **Focus New Zealand** 57o (Ingrid Visser). **Steven French** 56ur. **Getty Images** 17u, 38o, 58o, 60ml. **Peter Gill** 9u. **Hedgehog House** 22ml, 34ul (Dennis Burman), 36ul (Peter Gill), 46or (Colin Monteath). **Innerspace Visions** 44or (Doug Perrine). **International Dolphin Watch** 16ul, 40l (Dr. Horace Dobbs). **Marine Mammal Images** 36or (Michael Nolan). **McCulloch/Mazzoil NMFS GA#32 30-May-00** 54l. **Newsphotos** 56ml. **Mike Noad** 38ul. **M. Osmond** 43o. **photolibrary.com** 14mr. **Rachel Smolker** 45ml. **Spectrogram Program by Richard Horne** 39umr, 39ur, 39omr, 39or (Originalaufnahmen vom Cornell Laboratory of Ornithology). **Tom Stack & Associates** 8ml (Randy Morse). **Tasmanian Parks & Wildlife** 52u (Rene Davidson Collection) **University of Sao Paulo** 24or (Marcos César de Oliveira Santos, Project Atlantis). **Wildslide** 12or (S. Burnell).

ILLUSTRATIONSNACHWEIS
Anne Bowman 7umr, 22ul, 22mr, 22o, 23um, 23r, 26ur, 34o, 35r, 49or, 54o, 55u, 55r. **Christer Eriksson** 34/35m. **David Kirshner** 6om, 8/9, 26om, 27umr, 27omr, 27or, 28/29, 36/37, 38/39, 42/43, 63ul. **Rob Mancini** 4or, 5or, 6/7m, 7ml, 12/13, 21r, 26or, 30/31, 58/59, 62ol, 63ol. **Chris Stead** 54/55m, 60o, 60/61m. **Kevin Stead** 4umr, 24/25, 26/27m, 32/33, 40/41, 49mr, 62ur. **Glen Vause** 48ur, 52/53, 63om. **Laurie Whiddon** 20o, 20ul, 22/23m, 61r. **Wildlife Art Ltd** 4ur, 4omr, 6ur, 6mr, 7om, 7omr, 10/11, 14/15, 16/17, 18/19, 27bl, 27ur, 44/45, 46/47, 48or, 49ml, 50/51, 56/57, 62ul, 62/63um, 62or, 63ur, 63or.

UMSCHLAG: Anne Bowman Uol, RCumr, RUor. **Christer Eriksson** VUm. **International Dolphin Watch** VUur (Dr. H. Dobbs). **David Kirshner** VUomr, RUul. **Rob Mancini** Umr. **Kevin Stead** Uumr, RUum, **Glen Vause** Ffu. **Wildlife Art Ltd.** VUor, VUol, VUom, VUml, VUum, VUoml, RUcmr, RUomr, RUml.